M. ROUHER

ET

LE SECOND EMPIRE

M. ROUHER

ET

LE SECOND EMPIRE

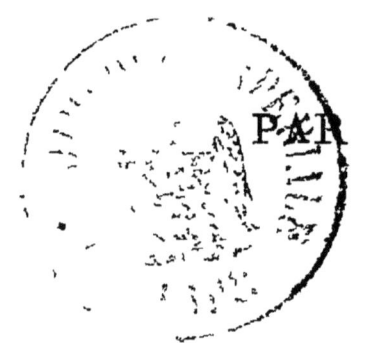

PAR DE H.....

Nec beneficio, nec injuria notus

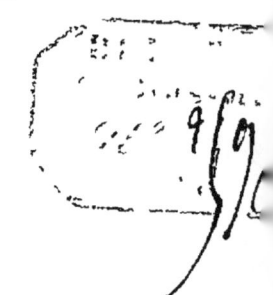

PARIS

Vᵉ BERGER-LEVRAULT & FILS, LIBRAIRES-ÉDITEURS

RUE DES BEAUX-ARTS, 5

MÊME MAISON A STRASBOURG

1869

Intérêt de parti? Entendons-nous.

J'appartiens, il est vrai, avec un inaltérable dévouement, au grand parti de l'ordre, et M. Rouher est, en ce moment, pour moi, la plus haute personnification de ce parti. Or, il lui a rendu des services tels, qu'un tribut de reconnaissance lui est bien légitimement dû.

Mais ce tribut, je l'acquitte avec la plus entière spontanéité. Grâce au souverain qui tient entre ses mains les destinées de mon pays, de ce pays que j'aime jusqu'au chauvinisme, et grâce à son éminent ministre, je viens de traverser une période de dix-sept paisibles années. Or, dix-sept années de calme, de repos, sans la moindre émeute, sans la moindre barricade, sans la moindre tentative de guerre civile, sont, à mes yeux, un fait si considérable, une page si glorieuse de l'histoire du règne, que j'ai entonné, presque malgré moi, un chant de triomphe et de bénédiction.

Voilà tout le secret de cette biographie.

DE HERMANN.

I.

C'était en 1847. La situation politique s'assombrissait rapidement. Le cabinet de M. Guizot, quoique en possession de la majorité dans les deux Chambres et de la pleine confiance du souverain, était gravement menacé par une opposition parlementaire et extra-parlementaire ardente, que soutenaient, avec un ensemble formidable, les 300 journaux hostiles de l'époque. Le pays légal, le pays des censitaires, malgré des victoires multipliées, sentait le sol frémir sous ses pas. De même qu'à l'approche des grandes crises atmosphériques, une forte sensation de malaise, déterminée peut-être par une brusque modification de l'état électrique ordinaire de l'air, envahit tous les êtres organisés, la France entière s'agitait, inquiète et tourmentée. Des polémiques d'une violence inouïe envahissaient tous les lieux de réunion, salons, promenades, places publiques, plages et villes d'eaux. Le pays faisait trêve à ses distractions, à ses plaisirs ordinaires, pour concentrer toute sa sollicitude, toutes ses préoccupations sur l'état de son gouvernement et la situation des partis

On était en été. Un de mes amis faisait une saison à Vichy. Un jour, se rendant à son bain, il aperçoit, dans la grande avenue du parc, un groupe considérable faisant cercle autour d'un orateur, qui devait être d'assez petite taille, car il disparaissait complétement derrière ses nombreux auditeurs. Mon ami s'approche et reconnaît, au milieu du groupe, un homme politique éminent, dont le nom était alors dans toutes les bouches, car il venait de faire, dans les derniers jours de la session récemment close, un discours, non plus d'opposition, mais franchement révolutionnaire. Il avait ainsi reconquis, en une seule séance, une popularité très-gravement compromise par certains actes conservateurs qui avaient fortement marqué ses passages, assez fréquents, mais toujours de courte durée, aux affaires. Cet homme politique, continuant jusqu'à Vichy son rôle d'opposant, se donnait libre carrière contre le ministère, ne ménageant même pas les attaques, plus ou moins directes, contre un pouvoir dont la constitution de l'époque consacrait l'irresponsabilité..... théorique.

En ce moment survient un jeune homme d'une trentaine d'années environ, figure d'une rare distinction, front large et élevé, yeux doux et graves, voix sympathique et vibrante. Ce jeune homme, sans se laisser intimider par la grande renommée, par l'incontestable valeur du célèbre député, entre résolûment en lice avec lui. Son audace est tout d'abord mal accueillie, des murmures se font entendre ; on se demande, avec un certain dédain, le nom du téméraire et imprudent jouteur. Mais bientôt la foule, surprise de cette parole mesurée, facile, au mot toujours juste et vrai, s'élevant naturellement, sans effort, jusqu'à l'éloquence, se laisse aller à l'écouter. Les opinions qu'il soutient sont l'expression très-accentuée des doctrines d'ordre et de gouvernement, doctrines peu populaires en ce moment; elle n'en subit pas moins, en l'écoutant avec un silence soutenu, l'irrésistible ascendant du talent, et surtout du talent convaincu. Le grand orateur lui-même veut bien faire à son jeune adversaire l'honneur d'accepter la lutte. Elle s'engage donc : — d'un côté, avec cette verve incisive, mais un peu dédaigneuse, un peu trop confiante en elle-même, un peu trop personnelle, qui caractérise l'homme d'Etat en question ; — de l'autre, avec ce langage ferme, précis, serré, toujours élevé, quelquefois ardent, coloré, imagé, que nous retrouverons plus tard sur une autre et grande scène.

Cette passe d'armes dura une demi-heure environ, aux applaudissements, très-également distribués, d'un auditoire charmé et devenu rigoureusement impartial. — «Vous irez loin, Monsieur, dit en terminant l'homme d'Etat à son jeune adversaire, vous irez loin, très-loin... si vous avez de l'ambition.»

Des deux interlocuteurs, l'un s'appelait M. Thiers; l'autre, M. Rouher.

M. Rouher était alors avocat à la cour de Riom (Puy-de-Dôme). Ses débuts, à l'âge de vingt ans à peine, sous les auspices de son frère aîné, alors à la tête du barreau de la cour, méritent d'être rappelés. Ancien maître clerc d'une bonne étude de Paris, il y avait fait ces fortes études de procédure qui manquent souvent aux avocats les plus habiles, et permettent seules d'étudier un procès sous tous ses aspects. Il donne un jour une preuve remarquable de leur haute utilité. Un confrère, vieux praticien, appelé à plaider, le même jour, à la même heure, deux affaires, l'une à la cour, l'autre au tribunal, prie le jeune Rouher, qui se trouve par hasard à l'audience, de le remplacer dans cette dernière enceinte. Vivement pressé, M. Rouher accepte et prend rapidement connaissance, pendant la plaidoirie de l'adversaire, d'une note sur l'objet du litige. A sa grande surprise, il constate l'absence, dans les moyens de plaidoirie, d'un élément décisif : un cas de prescription. Il plaide, l'invoque et triomphe.

Ses succès *au criminel* ne sont pas moins brillants. Assistant, dans une accusation d'assassinat, son frère, déjà fortement atteint de la grave maladie qui devait l'emporter, il réplique et arrache leur client commun à l'échafaud, malgré les charges les plus accablantes.

A la suite de cette série de succès, la notoriété de son talent s'étend rapidement, et bientôt toutes les grandes affaires affluent dans son cabinet.

Doué d'une mémoire remarquablement sûre, d'une rare aptitude à s'approprier les questions de droit et de fait les plus variées, M. Rouher plaidait avec une facilité, une abondance, une *plénitude*, qui se jouaient des détails les plus arides, les plus minutieux. Mais c'était surtout à mettre en relief les grands côtés, les aspects dominants du litige, qu'il excellait. Aussi les considérations élevées et philosophiques, les généralisations brillantes, les synthèses hardies et originales donnaient-elles à ses plaidoiries un intérêt élevé et soutenu.

Au moment de sa rencontre avec M. Thiers à Vichy, M. Rouher était à l'apogée de sa gloire de juriste.

Quelques mois s'écoulaient à peine et les faits révolutionnaires qu'il avait signalés à M. Thiers comme l'inévitable et prochaine conséquence de son opposition, venaient justifier ses sombres prophéties: le souverain était détrôné et la république proclamée.

Appelé à la *Constituante* (cette triste parodie de 1789) par les électeurs du Puy-de-Dôme, M. Rouher, guidé par sa haine instinctive contre l'anarchie, s'assit sur les bancs de l'extrême droite, non loin de l'homme auquel la Providence réservait la mission de restaurer une glorieuse dynastie.

Il ne se sentit point ému de la grandeur de la scène sur laquelle les événements le transportaient. Au fond, rien n'était véritablement changé pour lui; il restait toujours l'avocat des intérêts confiés à son dévouement; seulement ces intérêts étaient ceux du pays entier, et son client se nommait la France.

La belle intelligence du jeune député, mais surtout ce don particulier d'éclairer les questions, d'aller droit au vif du sujet, de dégager sûrement le principal de l'accessoire, de le dominer du haut des principes, attirèrent bientôt, au sein des commissions, l'attention de ses collègues, et, avant qu'il se fût fait entendre dans l'assemblée, il y était déjà connu comme une des plus fermes espérances du parti de l'ordre.

Autant que mes souvenirs puissent me servir, c'est moins comme politique que comme juriste qu'il fit son principal début à la Chambre. Il s'agissait de modifications à introduire dans notre législation hypothécaire, dans le sens de la suppression des hypothèques occultes. M. de Vatismenil soutenait le système de la publicité et M. Rouher le combattait, au moins partiellement, dans l'intérêt des femmes et des mineurs. Ce débat, un peu aride, un peu technique, s'éleva, grâce aux deux orateurs, à une telle hauteur que tous les jurisconsultes de la Chambre se crurent obligés d'y intervenir et que l'assemblée y prit un vif intérêt.

M. Rouher concourut à la discussion de la Constitution, en soutenant, dans un discours fort remarqué, le principe des deux Chambres contre les partisans d'une assemblée unique. Au fond, j'estime qu'il n'éprouvait qu'une faible sympathie pour le régime nouveau, qu'il le considérait comme profondément antipathique aux instincts, aux goûts, aux mœurs du pays, et ne lui accordait guère que la valeur d'une transition à un ordre de choses plus durable, plus conforme à ses véritables traditions, à ses aspirations réelles. Esprit droit, net, positif, homme de fait, comme disent les Anglais (*man of fact*), il abandonnait volontiers à ses collègues le domaine de l'imagination et de la rêverie.

Lorsque le Président sentit la nécessité d'appeler dans ses conseils des hommes jeunes, sans précédents politiques, sans engagements avec les vieux partis et pouvant ainsi s'associer étroitement à sa politique, il arrêta tout d'abord son choix sur M. Rouher, qui lui paraissait avoir au plus haut degré les qualités, les aptitudes d'un *ministre de l'avenir*. M. Rouher reçut les sceaux.

Quoique le plus jeune des conseillers de la future couronne, il devait montrer, dans ses délicates fonctions, le tact, la mesure, la réserve qu'exigeait la situation. Mais, en même temps, frappé des déplorables conséquences, au point de vue des intérêts moraux et matériels du pays, de la fréquence de nos naufrages politiques, il y apportait la résolution de concourir de tous ses efforts à l'établissement d'un gouvernement durable, et, s'il était possible, définitif. Or, cet établissement lui paraissait devoir rencontrer des facilités particulières dans l'avénement au siége présidentiel du représentant le plus connu de la dynastie napoléonienne.

Dans sa pensée, le prince Louis offrait, d'ailleurs, au pays des garanties particulières par un ensemble de qualités qui se trouvent rarement réunies, comme : la tenue, la suite, la fermeté inébranlable dans les idées; la lente, silencieuse, mais incessante élaboration des projets, puis, une fois l'étude achevée et complète, la rapide et impétueuse exécution. Il aimait également en lui la passion des grandes choses, ce don de famille, cette tradition de César, mais des grandes choses promptement accomplies. Le prince avait fait, en outre, sur les conditions de la durée du pouvoir en France, de substantielles observations, fruit d'excellents travaux historiques et d'une juste appréciation des éléments, bons et mauvais, du génie national. Ce que M. Rouher estimait encore en lui, c'est le mâle courage, le sang-froid en présence du danger, s'alliant avec une grande bonté, une grande douceur, une certaine sérénité d'esprit. Enfin, il était touché et séduit par sa foi profonde dans le succès de sa haute mission.

A tous ces points de vue, il éprouvait une vive sympathie pour le prince, et cette sympathie devait faciliter la tâche qu'il s'était donnée d'appuyer énergiquement son gouvernement dans la Chambre et le pays.

Le prince, de son côté, rendait à M. Rouher estime pour estime, confiance pour confiance. Il le voyait en effet chaque jour à l'œuvre, et dans le conseil et à la tribune, — et dans l'action, c'est-à-dire dans le maniement des affaires, et dans l'art d'exposer, de défendre, de faire triompher ses vues au sein des assemblées. En outre des éminentes facultés de l'esprit, il avait deviné, chez le jeune député de l'Auvergne, les dons du caractère et du cœur, c'est-à-dire une respectueuse mais ferme franchise, une scrupuleuse loyauté dans les rapports de la vie privée et politique, le sentiment très-vif du droit, le dévouement même aux plus obscures amitiés, une gratitude au moins égale au bienfait, une très-faible préoccupation de ses intérêts personnels.

Il y avait donc, entre le chef de l'Etat et son ministre, d'étroites affinités morales, qui devaient donner beaucoup de force et d'efficacité à leur action commune.

II.

Le début de la carrière ministérielle de M. Rouher fut orageux comme la situation. Encore peu familier avec les précautions oratoires qu'exigent les susceptibilités des grandes assemblées, et, d'ailleurs, naturellement ardent dans ses convictions, il donnait parfois à l'expression de sa pensée une hardiesse vigoureuse qui devait soulever des tempêtes. On se souvient encore aujourd'hui de cette qualification de *catastrophe*, infligée à la révolution de Février, qui fit bondir l'extrême gauche de la Législative. Elle était, cependant, un acte de courageuse indépendance, puisque c'est à la *catastrophe* que l'orateur devait une fortune politique appelée à devenir si grande un jour.

A cette époque (ses opinions se sont peut-être modifiées depuis), M. Rouher ne paraissait pas avoir une bien grande estime pour le suffrage universel, au moins quand il est complétement abandonné à l'action des partis. Aussi, prêta-t-il, si ma mémoire m'est fidèle[1], un énergique concours au vote de la loi restrictive du 31 mai.

Son premier engagement avec M. Thiers porta sur la politique du Gouvernement dans les Républiques de la Plata. M. Thiers eut une surprise désagréable. Croyant avoir facilement raison, sur une question qui lui était si familière, de son *jeune et novice* (sic) adversaire, il commit la faute d'être ironique et dédaigneux. Mal lui en prit. La réponse du ministre attesta une étude si consciencieuse des intérêts de la France dans cette partie de l'Amérique du Sud, que l'assemblée lui donna raison contre le vétéran qui avait livré, sur ce terrain et avec succès, tant de batailles au gouvernement de Juillet. C'est du résultat de cette seconde rencontre que date l'animosité bien connue de M. Thiers contre M. Rouher.

Lorsque le conflit, depuis longtemps prévu, éclata enfin entre le président et l'assemblée, M. Rouher dut en subir les vicissitudes. Nous le voyons se retirer avec le cabinet tout entier, le

---

1. Il est necessaire que je le répète : je reproduis de simples souvenirs

18 juillet 1851, à la suite d'un coup de majorité, mais pour rentrer aux affaires, le 24, avec MM. Fould et Baroche.

Il les quitte de nouveau le 26 octobre.

Il reprend les sceaux après le coup d'État, c'est-à-dire dans un de ces moments critiques où les plus hardis hésitent et les prudents s'abstiennent.

Je ne sais si, par ce don mystérieux de seconde vue dont quelques éminents esprits ont le secret, il entrevit le succès du grand acte que le prince venait d'accomplir, mais on peut être certain qu'il ne s'en dissimula pas les dangers.

Le 22 janvier 1852, M. Rouher donna sa démission. Il n'avait pas voulu prendre sa part de responsabilité des décrets sur les biens de la famille d'Orléans.

Un dissentiment, quelque grave qu'il pût être, ne pouvait toutefois le rendre définitivement étranger à un gouvernement dont il avait été un des principaux fondateurs. Il revint donc aux affaires, mais dans un poste relativement modeste, la vice-présidence du Conseil d'Etat.

Les situations administratives ou politiques sont un peu ce que les font les hommes qui les occupent. Celle à laquelle la confiance de l'Empereur venait d'appeler M. Rouher ne devait pas tarder à prendre, entre ses mains, une grande importance. En fait, il n'est pas un seul projet de loi d'intérêt général sorti, de 1852 à 1855, des délibérations du Conseil d'Etat, qui n'ait porté la vigoureuse empreinte de ce pénétrant esprit. Les survivants de ses collègues à cette assemblée se souviennent, en outre, avec quelle autorité, avec quelle connaissance de la matière, avec quelle impartialité pour toutes les opinions, il dirigeait ses débats!

En 1855, M. Rouher reçut le portefeuille de l'agriculture, du commerce et des travaux publics. Ce ministère, par le grand intérêt et la variété de ses attributions, avait pour lui un attrait particulier. On sait, en effet, qu'il embrasse l'étude, et dans une certaine mesure, la direction de l'agriculture, de l'industrie, du commerce intérieur et extérieur, des sociétés commerciales et financières, des institutions de prévoyance, du réseau des voies de communication de toute nature, de l'exploitation des mines, de l'hygiène publique et de la statistique générale. C'est, pour l'homme d'Etat qui veut se faire une juste idée des besoins du pays, la plus forte école qui existe en France. M. Rouher se prit d'un goût très-vif pour les nombreuses questions, pour les grandes affaires qui se traitent dans ce département ministériel, et, en peu de jours, il était prêt à donner l'impulsion, au lieu de la recevoir. Bientôt même, il devenait, pour ses collaborateurs surpris et charmés, un guide sûr et dévoué.

Je me rappelle encore avec étonnement, comme un curieux témoignage de cette heureuse propriété de son esprit qui consiste à s'emparer du sujet le plus étranger à ses études pour s'en rendre maître et le dominer promptement, le grand succès avec lequel il présida le congrès international de statistique réuni, en 1855, à Paris. La statistique, comme théorie et application, n'avait probablement jamais occupé son attention, et il n'en savait guère, je crois, que ce qu'il en avait appris dans les travaux préparatoires de la commission chargée d'arrêter le programme des travaux du congrès. Eh bien, au milieu des débats de cette assemblée de 300 savants, réunis de toutes les parties du monde, il n'éprouva pas un seul instant de doute et d'hésitation. Non-seulement il dirigea la discussion avec une aisance, une facilité, une *maestria* très-remarquées, épargnant au congrès les digressions inutiles, maintenant toujours les orateurs au cœur du sujet; mais encore il y intervint par des aperçus ingénieux qui surprirent jusqu'aux vétérans de la science.

De 1855 à 1860, M. Rouher se partage entre les travaux de son ministère, ceux du Conseil d'Etat, dont il suit assidûment les séances, et du Sénat où il a été appelé le 18 juin 1856. A cette époque, les débats du Sénat étaient secrets ; on ne sait donc rien officiellement de la part que M. Rouher a pu y prendre. Nous pouvons toutefois assurer qu'à l'occasion soit des rapports de pétitions, soit de l'examen, au point de vue de leur conformité à la Constitution, des lois adoptées par le Corps législatif, ou enfin de l'exercice des prérogatives de l'assemblée en ce qui concerne l'interprétation de cette Constitution, M. Rouher fit, à la tribune sénatoriale, de fréquentes, toujours heureuses, quelquefois brillantes, apparitions.

III.

Pour l'appréciation complète de la carrière d'un ministre éminent, l'analyse de ses travaux officiels, et en quelque sorte extérieurs, ne saurait suffire. Il faudrait pouvoir connaître, en outre, son concours à l'œuvre collective du cabinet, et ses rapports directs avec le chef de l'Etat. C'est quelquefois à ce double titre de membre du conseil des ministres et de collaborateur du souverain, qu'il déploie ses plus éminentes qualités d'homme d'Etat. Que de difficultés imprévues, en effet, que de complications, que d'embarras dans les mouvements quotidiens de la politique intérieure et extérieure d'un grand pays! que de résolutions à prendre d'urgence qui n'engagent pas l'avenir, qui ne compromettent aucun intérêt grave, qui ménagent la responsabilité du souverain, qui laissent intacts les droits constitutionnels des Chambres!

Et le chef de l'Etat lui-même, n'a-t-il pas aussi ses difficultés personnelles, difficultés de famille ou autres, pour la solution desquelles il a besoin des sages conseils, quelquefois même de l'action directe, de l'intervention positive d'un ministre éclairé et dévoué?

Quelle a été l'importance du rôle de M. Rouher dans cette partie si considérable, et si peu connue du public, du labeur ministériel ? c'est ce que je ne pourrais dire sans avoir eu les moyens de pénétrer dans le secret des plus intimes délibérations. Mais ce que je crois pouvoir affirmer, d'après de nombreux témoignages, c'est que ce rôle a été des plus accusés et que, dans les nombreuses, quelquefois redoutables épreuves suscitées au second Empire par les événements ou les partis, M. Rouher a toujours indiqué des solutions inspirées par une saine appréciation des exigences de la situation.

Ce que ses collègues surtout n'ont pu s'empêcher d'admirer en lui, c'est l'extrême fécondité des ressources, des combinaisons, des expédients ; c'est cette rare aptitude à improviser en quelque sorte les moyens de sortir des plus graves embarras et de dénouer, sans recourir à l'épée, les nœuds gordiens les plus compliqués.

Maintenant, s'il m'était permis de parler des relations personnelles et directes de M. Rouher avec le souverain, j'aurais probablement des incidents pleins d'intérêt à raconter. Mais le fait dominant qui s'en dégagerait, c'est que, si l'illustre homme d'Etat pratique le dévouement jusqu'à l'abnégation, il sait aussi défendre ses convictions contre les plus hautes influences, toujours prêt, au moindre dissentiment sérieux, à rentrer dans la vie privée et confirmant ainsi la belle parole attribuée à un austère ministre du premier Empire qu'*on ne s'appuie bien que sur ce qui résiste.* A l'éloge du chef de l'Etat, on y verrait aussi qu'il apprécie les résistances de M. Rouher comme un nouveau témoignage de son désir de servir fidèlement, et que, malgré quelques regrets, il maintient intactes au courageux ministre son estime et son affection.

Un de mes amis a pu, pendant la période qui nous occupe, étudier M. Rouher dans ses rapports avec les chefs de son département ministériel, et il a vérifié qu'à leur égard il joignait à une parfaite urbanité, un sentiment de bienveillance très-caractérisé qui leur permettait de compter sur lui, comme il comptait sur eux. Au besoin, il les couvrait énergiquement de sa responsabilité et les défendait contre toutes les atteintes, d'aussi haut qu'elles partissent.

J'en citerai quelques exemples dont il m'a garanti l'exactitude.

— «Si j'étais courtisan, disait-il un jour au directeur d'un service très-important, je vous sacrifierais sans hésiter. Des préfets vous ont dénoncé à l'Empereur comme donnant à vos attributions une extension exagérée, au préjudice des affaires courantes. Ils assurent, en outre, que vos enquêtes sur la production agricole et manufacturière inquiètent et peuvent désaffectionner les populations. L'Empereur m'en a témoigné son mécontentement. Tenez, voici les lettres des préfets; lisez-les, réfutez-les et je mettrai votre réponse sous les yeux de Sa Majesté. Dans tous les cas, vous conservez votre position; mais réduisez vos enquêtes au plus strict nécessaire.» Le directeur répondit, et l'Empereur, revenu d'une première impression défavorable, n'insista pas sur le déplacement du fonctionnaire.

Voici un incident à peu près de même nature. M. Rouher fait appeler un autre chef de service : «Vous avez fourni, lui dit-il, en lui tendant un numéro d'une revue d'opposition, les éléments d'un article dans lequel le Gouvernement est violemment attaqué. L'Empereur vient de le lire et avec un sentiment facile à comprendre...» L'employé, profondément surpris, proteste d'abord de son innocence, qui était réelle, puis de son dévouement, dont le ministre ne pouvait douter. — «En fait, reprend le ministre, vous avez concouru, à votre insu je le crois, à la préparation de l'article, en communiquant à l'auteur un document, inoffensif à vos yeux, mais dont il a su faire un instrument de guerre. Lisez et réfutez, si vous le pouvez ; je me charge du reste.» La réfutation fut faite, trouvée satisfaisante et publiée. L'employé conserva sa position.

On est en 1859 ; la guerre vient d'être déclarée à l'Autriche. Un fonctionnaire du même ministère publie un livre sur les ressources de ce pays. On aurait pu croire que ce livre était de circonstance ; en fait, les matériaux en avaient été recueillis en 1857, dans le cours d'une mission de l'auteur à Vienne ; et c'était par suite de circonstances tout à fait indépendantes de sa volonté, qu'il voyait le jour à un pareil moment.

Il est certain qu'il était bienveillant pour l'Autriche, et que l'auteur y penchait pour une politique dont l'alliance avec ce pays serait la base.

Dénoncée par un journaliste fougueux comme un acte d'impatriotisme et presque de trahison, cette publication appelle l'attention du ministre de l'intérieur, qui la signale, en termes très-sévères, à son collègue des travaux publics.

M. Rouher envoie chercher l'auteur et lui demande des explications. Elles sont immédiatement données, et avec une franchise, une sincérité qui ne laissent aucun doute dans l'esprit du ministre. En voici la substance. Le manuscrit terminé en 1857, livré à l'éditeur en 1858, et à l'imprimeur à la fin de la même année, n'a pu être publié qu'en 1859. Au fond, il s'agit d'une étude purement économique, étude dans laquelle l'auteur, sans dissimuler ses sympathies pour un pays où il a été affectueusement reçu, met en évidence, avec l'autorité irrécusable des documents officiels, la grande supériorité des forces productives de la France.

M. Rouher, ainsi complétement édifié, prend résolûment la défense de son chef de service, non-seulement contre son collègue de l'intérieur, mais encore contre le cabinet tout entier, saisi de l'affaire par ce dernier. Elle n'eut pas de suite.

IV.

Mais j'ai hâte d'arriver à la période la plus active, la plus occupée, la plus militante de la carrière ministérielle de M. Rouher.

Nous sommes en 1860. L'Empereur, frappé des progrès de notre industrie, dont a témoigné la brillante exposition de 1855, publie sa célèbre lettre sur la réforme économique. Chargé, comme ministre du commerce, d'exécuter la pensée du souverain, et notamment de préparer les bases d'un traité de commerce avec l'Angleterre, dans le sens d'une modification profonde de nos tarifs douaniers, M. Rouher se met résolûment à l'œuvre. Il ne se dissimule toutefois aucune des difficultés de sa tâche. Il sait que le plan de l'Empereur rencontrera une opposition formidable de la part de l'armée, admirablement disciplinée, des industriels grands et petits, opposition dont les Chambres, si elles sont saisies, seront l'expression fidèle, et dont la violence sera peut-être de nature à compromettre la popularité du souverain. Il se rappelle l'insuccès des tentatives du gouvernement de Juillet pour introduire dans nos tarifs les réductions les plus modestes. Il a présent à la mémoire l'échec du député Sainte-Beuve essayant de convertir la Législative aux principes de la liberté commerciale. Il prévoit en outre que, sous la pression des intérêts menacés, le pays tout entier va passer, d'un calme profond, à une période d'agitation dont on ne peut mesurer le terme. Il sait enfin qu'il ne sera que médiocrement secondé par ceux-là même au profit desquels la mesure sera prise, c'est-à-dire par la masse des consommateurs, complétement indifférents au triomphe de doctrines dont ils ne connaissent pas la portée. N'importe, il sera l'instrument dévoué de la pensée du souverain, dont il reconnaît toute la grandeur, dont il apprécie l'heureuse influence sur les destinées économiques du pays, et aussi sur le maintien de la paix générale; — les pays, étroitement liés par la solidarité des intérêts matériels, devant obéir moins aveuglément que par le passé, aux inspirations, aux mobiles qui leur ont mis, jusqu'à ce jour, les armes à la main.

Pour rester à la hauteur de sa mission, M. Rouher ne veut négliger aucun élément de succès. Il n'a pas encore eu l'occasion d'étudier l'ensemble des phénomènes qui forment l'objet de cette science d'observation qui a pour nom l'*Economie politique*. Il en convoque, dans son cabinet, les plus illustres représentants, les interroge, les provoque, appelle successivement leur attention sur les questions les plus délicates, sur les problèmes les plus controversés qu'a fait naître le mécanisme de la création, de la distribution, de la consommation des produits. Fort de cet enseignement, qu'il s'est rapidement approprié de manière à passer, au besoin, du banc de l'étudiant à la chaire du professeur, il peut se présenter sans désavantage devant l'homme illustre chargé de représenter l'Angleterre à la conférence douanière qui va s'ouvrir entre les deux pays, Richard Cobden.

Il a beaucoup été parlé de cette conférence d'où est sortie la grande réforme économique qui doit faire la conquête du monde, et je ne crois pas qu'on ait donné une juste et impartiale idée du rôle qu'y a joué M. Rouher. Certaines vanités, peu soucieuses de la vérité, n'ont pas hésité à s'attribuer la part du lion dans le récit qu'elles en ont fait ou laissé faire, et je vois encore, chez un économiste admis aux préliminaires de la négociation du traité, une photographie complaisante, qui le représente debout faisant la leçon aux membres de la conférence, groupés à ses côtés comme des écoliers autour du maître.

En réalité, si M. Rouher a laissé à cet économiste le soin d'exposer, en termes généraux, les avantages probables, pour les deux pays, du projet de traité, il s'en est réservé la discussion, apportant, dans ce débat, la ferme volonté de tout connaître, de tout éclaircir, de ne laisser aucun point dans l'ombre, en un mot, de prévenir le plus possible les risques d'une interprétation contraire aux véritables intentions des parties Cette tâche a été de beaucoup la plus laborieuse, la plus utile, la plus méritante; mais je reconnais qu'elle se prêtait fort peu aux effets de la photographie.

Je suis d'autant plus impartial dans ce jugement sur la nature et l'importance du concours de M. Rouher à la négociation du traité, que j'avais, à cette époque, de très-vives préoccupations sur ses conséquences. Très-partisan de la liberté commerciale, je ne l'admets, surtout dans un pays comme le nôtre, où l industrie occupe une place si considérable dans les éléments de la richesse publique, que sous le bénéfice d'une application graduelle, lentement, bien que fermement, progressive, avec tous les délais nécessaires pour que les entreprises qu'elle peut mettre en péril aient le temps de se liquider honorablement et sans de trop lourds sacrifices. Or, dans mon opinion, le traité avec l'Angleterre procédait trop brusquement; il introduisait, dans notre régime douanier, sans transitions, sans ménagements suffisants, des modifications profondes et peut-être prématurées.

L'application à l'industrie française du régime de la libre concurrence aurait dû, en outre, être précédée d'un ensemble de mesures destinées à égaliser, autant que possible, les chances de la lutte entre notre pays et des voisins où les conditions de la production, aux points de vue des salaires, de la valeur de la matière première, du bon marché des transports, de l'abondance et du prix du combustible, du loyer de l'argent, de l'étendue des débouchés, — pouvaient être sensiblement plus favorables.

Ces mesures préparatoires et en quelque sorte auxiliaires étaient d'autant plus nécessaires, que notre industrie diffère essentiellement, par son organisation, de celle de l'Angleterre. Dans ce pays, en effet, elle se répartit entre un petit nombre d'établissements disposant, en capitaux à bon marché, de ressources considérables, mettant en œuvre un outillage perfectionné et des forces mécaniques d'une puissance énorme, envoyant leurs produits dans toutes les parties du monde et faisant ainsi toutes leurs opérations sur une échelle immense.

L'industrie française, au contraire, était, à cette époque, l'image de notre société politique; elle était organisée démocratiquement, c'est-à-dire qu'à l'exception de quelques grandes usines dans l'Alsace et la Normandie, elle se composait d'une multitude de petites fabriques fondées, pour la plupart, par d'anciens contremaîtres dont la réputation d'habileté, de probité, était à peu près le seul capital et dont le personnel-ouvrier se composait surtout des membres de la famille.

On sait qu'en présence des dispositions plus que douteuses du Corps législatif, M. Rouher, malgré l'importance des intérêts engagés dans la question, conseilla au souverain d'user de ses prérogatives constitutionnelles en publiant, par simple décret, le traité de commerce avec l'Angleterre. Ce mode de sanction d'une mesure aussi considérable prêtait le flanc à de graves critiques, en même temps qu'il engageait fortement la responsabilité du chef de l'Etat et de son ministre. Mais il y a, dans la vie des gouvernements comme des individus, des instants solennels où des résolutions extrêmes peuvent seules amener des résultats décisifs.

Le traité publié, l'émotion fut aussi grande que possible dans le monde des intéressés. De tous les points de la France, les délégués des industries atteintes, ou se croyant telles, vinrent porter leurs vives et pressantes réclamations non-seulement chez le hardi ministre qui avait attaché son nom à la grande mesure, mais encore chez le souverain. Il y eut là, pour le Gouvernement, une période difficile, période de fortes préoccupations, de graves soucis. M. Rouher fit face avec la plus grande énergie aux embarras de la situation, soutenant, seul et sans plier, le poids d'incessantes discussions avec les représentants, tour à tour suppliants et menaçants, des centres manufacturiers.

La crise se renouvela, mais moins forte, moins violente, lorsque le traité avec l'Angleterre ou, plus exactement, lorsque ses principes, son esprit, furent successivement appliqués à ceux des autres pays de l'Europe qui font à nos produits, sur les marchés étrangers, la plus rude concurrence : la Belgique, la Suisse et l'Allemagne.

J'ai entendu, à cette époque, de fort bons esprits attribuer la réforme douanière à une haute visée politique. Ils soutenaient qu'elle avait eu pour but principal de s'attacher définitivement l'Angleterre, dont l'hostilité fut si funeste à la monarchie de Juillet, puis, de donner au reste de l'Europe cette conviction que la politique guerrière allait faire place désormais, dans les conseils de l'Empereur, à la politique des conquêtes dans le vaste et fécond domaine des intérêts matériels.

Il est bien possible que M. Rouher ait été touché de cette conséquence de la mesure, qui n'avait pu lui échapper. Il est possible en outre qu'il ait voulu donner à l'étranger une salutaire idée de la force du nouveau Gouvernement, en lui faisant accomplir un coup d'Etat économique devant lequel avait reculé celui de Juillet à l'apogée de sa puissance. Mais ce qui est certain, c'est qu'en prêtant au souverain, auquel revient ici l'honneur de l'initiative, le concours de son talent et de son influence sur la législature, M. Rouher a été mû surtout par cette ferme conviction que la réforme, loin de ruiner notre industrie, lui donnerait, au contraire, une vigoureuse impulsion en l'obligeant à améliorer ses conditions de production, c'est-à-dire à délaisser des méthodes, des procédés désavoués par la science, un outillage arriéré, puis à se réunir, à se concentrer, à substituer au morcellement, à l'éparpillement des forces, de puissantes unités manufacturières capables de lutter énergiquement contre celles de l'Angleterre.

M. Rouher avait été frappé de la marche rapidement ascendante, depuis 1852, c'est-à-dire depuis le rétablissement de la paix intérieure, du prix des objets de consommation alimentaire, et s'il ne pouvait hâter les progrès, toujours si lents, surtout dans les pays de petite culture, de la production agricole, il voulait tempérer, par une réduction du prix des objets fabriqués, cette aggravation, pour la classe ouvrière, des charges de la vie matérielle. Or, il ne pouvait y arriver que par la liberté du commerce.

Il était, d'ailleurs, convaincu de la vérité de cette sorte d'adage économique que les produits se payent avec des produits et que, si le libre-échange peut compromettre quelques industries qui ne sont pas viables et ne se soutiennent qu'à l'aide d'un droit protecteur équivalant à une taxe à leur profit, il donne un irrésistible élan à l'ensemble des transactions.

Tel avait été notamment le résultat de l'expérience faite en Angleterre, dont le commerce s'était accru, sous l'influence de la réforme douanière, dans des proportions supérieures à toutes les prévisions.

Le traité ne livrait pas, d'ailleurs, sans défense, l'industrie française à la concurrence étrangère. S'il supprimait les prohibitions, s'il abaissait les droits, il maintenait encore le régime de la protection, et dans des conditions suffisantes pour que nos fabricants non-seulement pussent recevoir résolûment le premier choc, mais encore prendre, à leur tour, l'offensive, et, à force d'habileté, de persévérance, de volonté, repousser les produits étrangers du marché national, ou du moins n'y laisser venir que la part afférente aux exigences d'une consommation sensiblement accrue.

En principe, les conditions de la lutte des industries étrangères contre les similaires d'un pays qui réduit son tarif, ne sont pas aussi favorables, aussi faciles qu'on pourrait se le figurer. Il faut d'abord que le producteur étranger organise, dans ce pays, qui lui est plus ou moins inconnu, des relations régulières et suivies, par l'intermédiaire de dépositaires sûrs et fidèles ; qu'il s'initie à sa législation commerciale, à son système des poids, mesures et monnaies ; qu'il se renseigne sur ses besoins, sur ses goûts ; qu'il suive, comme le producteur indigène, les évolutions (si rapides en France) de la mode, de la fantaisie. Il doit, en outre, acquitter les frais de transport, en subir les risques, payer les droits de douane, de tonnage, de navigation, les surtaxes de pavillon, là où elles existent encore. D'un autre côté, s'il n'envoie pas directement son produit à destination, ce qui a lieu le plus souvent, il est obligé de subir l'intermédiaire, toujours onéreux, du commissionnaire. Sa marchandise n'arrive donc sur le marché étranger que grevée de droits divers, quelquefois équivalents et même supérieurs à la taxe douanière.

M. Rouher savait tout cela, et bien qu'on lui ait amèrement reproché de n'avoir pas fait précéder la négociation avec l'Angleterre d'une enquête solennelle sur l'état de notre industrie, sur sa force de résistance à la concurrence extérieure, il était convaincu, d'après des renseignements pris sur place, sans bruit, sans publicité, que ce traité ne mettait réellement en péril aucun intérêt respectable.

Les traités de commerce n'étaient, au surplus, qu'une partie du programme économique de M. Rouher. Ce programme comprenait encore une série de mesures destinées : — à abaisser le plus possible le prix de la matière première (déjà dégrevée de toute taxe d'entrée) par la réduction ou la suppression des droits sur la navigation étrangère, par des facilités accordées à la francisation des navires étrangers, par l'ouverture de nouveaux bureaux de douane dans le but d'éviter de longs et onéreux détours à la marchandise étrangère ; — à réduire les frais de transport à l'intérieur par l'abaissement des péages sur les cours d'eau de l'Etat, par le rachat des canaux aliénés à diverses époques, par des négociations avec les compagnies de chemins de fer pour en obtenir une atténuation de leurs tarifs de marchandises, par la révision des taxes d'octroi qui frappent les combustibles et autres adjuvants de l'industrie ; — à rapprocher, par le développement rapide du réseau ferré, les centres industriels des gîtes houillers et métallifères, tant français qu'étrangers ; — à simplifier les formalités administratives pour l'obtention du droit d'exploiter les mines et carrières et d'établir des usines sur les cours d'eau ; — à obtenir de la Banque de France l'accroissement du nombre de ses succursales et, comme conséquence, une réduction générale du loyer de l'argent ; — à provoquer, dans le même but, la suppression du taux légal de l'intérêt ; — à fonder le crédit, non plus seulement au marchand, au fabricant, mais au produit lui-même, au moyen de magasins généraux, délivrant des warrants à la circulation facile et rapide ; — à faciliter à l'industrie, par une avance de l'Etat, le renouvellement de son matériel : — à favoriser l'application progressive du principe de l'association à la fois par la suppression de l'anonymat, c'est-à-dire de l'intervention de l'Etat dans la gestion des sociétés commerciales, et la libre formation de sociétés commerciales de toute nature ; — à éliminer, par degrés, tous les intermédiaires inutiles et onéreux entre le producteur et le consommateur, aussi bien pour les denrées alimentaires que pour les produits fabriqués (courtage) ; — à supprimer tous les obstacles légaux aux ventes publiques de marchandises neuves ; — à faire disparaître les derniers monopoles commerciaux et industriels (boucherie, boulangerie, fabrique d'armes à feu, etc.) ; — à donner les plus grandes facilités à la circulation des personnes (suppression ou modification du passe-port) ; — à favoriser l'immigration de l'industrie ou des capitaux de l'étranger par une large modification à la législation sur la naturalisation.

La réforme économique, d'après le vaste plan dressé par M. Rouher, comprenait encore deux mesures sur l'utilité, ou au moins sur l'opportunité desquelles, je me sépare nettement de l'éminent ministre : la suppression de la contrainte par corps, et le droit de coalition au profit des ouvriers.

Dans un temps où, il faut bien le confesser, le niveau de la morale publique s'abaisse visiblement, où les annales de la justice criminelle attestent la marche croissante des atteintes à la propriété sous la forme du vol ou de l'escroquerie, c'était une chose grave que de désarmer le commerce, que de lui retirer une garantie sérieuse, que de réduire le nombre déjà si restreint de ses *sécurités*. Sans doute, il n'usait que dans des cas extrêmes du droit rigoureux mis à sa disposition par la loi, qui, d'ailleurs, en entourait l'exercice de formalités coûteuses ; mais la simple possibilité pour le créancier d'y recourir exerçait, sur le débiteur, une action préventive efficace, et déterminait souvent des libérations inespérées. La suppression de la contrainte devait donc avoir, et a eu, en effet, pour conséquence regrettable la limitation du crédit, et, par suite, une inévitable diminution des échanges à l'intérieur.

L'attribution aux ouvriers, qui ne le demandaient pas, du droit de se coaliser, c'est-à-dire de décréter à volonté la désertion en masse des ateliers, et d'imposer ainsi au fabricant ou une augmentation de salaire, ou, ce qui est équivalent, une réduction des heures de la journée de travail à salaire égal, était une mesure fortement prématurée Elle l'était surtout au lendemain d'une réforme douanière qui mettait subitement notre industrie aux prises avec la concurrence étrangère dans des conditions inconnues jusque-là. Elle avait, en outre, cet inconvénient grave de favoriser les tendances socialistes, déjà si manifestes, si menaçantes même, au sein des classes ouvrières, et de leur donner, contre le capital, une force d'aggression dont elles ne pouvaient tarder à faire un usage redoutable.

Au fond, l'ouvrier honnête, paisible, habile, laborieux, économe, n'avait pas besoin, pour améliorer sa position, de cette arme de guerre contre le patron, le taux des salaires, comme l'expérience l'affirme, se mettant tôt ou tard et par la force même des choses, en rapport avec le prix des objets nécessaires à la vie. D'un autre côté, le législateur, par la loi de 1860, qui a consacré la libre entrée des céréales étrangères, et par les traités de commerce eux-mêmes, destinés à réduire le plus possible, pour le consommateur, les charges de la vie matérielle, avait donné aux travailleurs des témoignages suffisants d'une sympathie effective. En dehors de ces mesures, le Gouvernement avait multiplié les preuves de son dévouement à l'amélioration de leur sort, au développement de leurs aptitudes intellectuelles et morales. Ils n'avaient donc aucune réclamation légitime à lui adresser. Et, d'ailleurs, avant de leur accorder la triste liberté des grèves, nos hommes d'Etat n'auraient-ils pas dû interroger l'Angleterre sur ses conséquences à peu près certaines? Oh! s'ils l'eussent fait, la réponse eût été significative. L'Angleterre leur eût montré à ses flancs cette plaie toujours béante, toujours saignante de la lutte du travail contre le capital, lutte qui met à chaque instant en péril ses plus florissantes industries. Elle leur aurait fait connaître la formidable organisation actuelle des classes ouvrières, obéissant toutes, avec une docilité aveugle, à des comités spéciaux (*trade's unions*) qui se rattachent eux-mêmes à un comité central, investi du droit de diriger tous les mouvements, d'ordonner, à son gré, l'abandon ou la reprise du travail, de frapper d'interdit des districts manufacturiers tout entiers, de soutenir, d'alimenter les grèves à l'aide des ressources d'une caisse que remplit sans relâche un prélèvement obligatoire sur tous les salaires, de s'ingérer jusque dans la composition des ateliers aux points de vue des sexes et des âges, etc., etc.

En jetant les yeux sur des faits tout récents, ils auraient vu cette organisation s'étendant par degrés, non-seulement à l'ancien, mais encore au nouveau monde. Ils auraient entendu les congrès ouvriers de Genève et de Bruxelles crier anathème au capital et dérouler paisiblement contre les patrons un plan d'attaque dont nous pouvons suivre la trace dans les grèves qui font en ce moment le tour de nos provinces, après avoir frappé les principales industries parisiennes.

En Angleterre, où la population déborde, où

la fécondité des mariages est très-grande et la mortalité relativement lente, la grande concurrence des salaries, malgré la ressource de l'émigration, pouvait exercer une influence fâcheuse sur la légitime rémunération du travail, sur sa juste part dans les profits du capital. Cette situation expliquait donc, dans une certaine mesure, le droit de coalition. Mais, en France, où le développement des forces productives est sensiblement supérieur à celui de la population, où, par conséquent, le travail est plus demandé qu'offert, ce droit n'avait, de bien longtemps, aucune raison d'exister.

Fasse le ciel que mes prévisions sur ses conséquences économiques, politiques et sociales dans notre pays, soient démenties par l'événement; mais je ne puis en dissimuler la gravité...

Sous ces deux réserves, qui me sont personnelles, le programme économique de M. Rouher est un des plus beaux titres de cet homme d'Etat à la reconnaissance du pays.

Si les événements l'eussent permis, il eût été heureux d'en assurer lui-même l'exécution, et ce ne fut qu'avec un profond regret qu'il se vit obligé d'en laisser le soin à d'autres. Mais la confiance du souverain allait l'appeler à de nouvelles fonctions et mettre à des épreuves d'une autre nature son dévouement à sa personne et aux grands intérêts du pays.

Suivons-le dans cette phase brillante, mais périlleuse, de sa carrière politique.

V.

On se rappelle que le décret du 24 novembre 1860, en accordant l'adresse aux deux Chambres, y réorganisa la représentation du Gouvernement par la création des ministres sans portefeuille. C'était une sorte d'inauguration du retour au régime parlementaire. A cette combinaison succède, après les élections de 1863, celle par laquelle deux ministres, sans attributions administratives, ayant le titre, l'un de ministre d'Etat, l'autre de ministre présidant le Conseil d'Etat, doivent porter le fardeau des débats parlementaires, avec la spécialité, pour le premier, de la politique extérieure, pour le second, de la politique intérieure.

M. Billault, qui a figuré avec un grand éclat dans la combinaison des ministres sans portefeuille, reçoit le premier des deux portefeuilles; — M. Rouher le second.

L'ancien vice-président du Conseil d'État revient ainsi, après une période de douze années, diriger de nouveau ses délibérations. Mais la situation n'est plus la même. Il ne s'agit plus, comme autrefois, d'un paisible travail intérieur n'engageant aucune responsabilité, travail de légiste, d'administrateur, et dans une enceinte où on ne compte guère que des amis. Maintenant, la fonction est double. Il faut d'abord prendre, comme par le passé, une part active à l'élaboration des projets de loi, puis aller les défendre dans une assemblée où s'est formée une opposition redoutable par la vieille expérience, par l'incontestable talent et l'hostilité violente des hommes qui la dirigent. Le mandat de M. Rouher s'étend plus loin encore : il est appelé à défendre des actes politiques dont il n'aura dû la connaissance qu'à une communication spontanée de ses collègues, et qui pourront engager fort avant la responsabilité du cabinet vis-à-vis de l'opinion et du souverain... on comprend tout ce qu'une pareille mission exige de dévouement !

M. Rouher a pris possession, depuis deux mois à peine, de ses nouvelles fonctions, lorsqu'on apprend la mort subite et tout à fait imprévue de M. Billault. C'était une perte cruelle pour l'Empereur et le parti conservateur tout entier. Un instant même, elle fut jugée irréparable, tant l'éminent orateur avait grandi dans ces dernières années, tant était haute l'autorité que lui avait faite à la Chambre son magnifique talent.

Chargé de le remplacer, M. Rouher ne put se défendre d'un sentiment d'angoisse, de patriotique angoisse, surtout en présence des difficultés que venaient de créer au Gouvernement et l'extension considérable du droit de contrôle du Corps législatif, et l'arrivée à la Chambre des représentants les plus illustres des anciens partis, presque tous encore dans la plénitude de leur talent, enfin le réveil politique très-caractérisé du pays, résolu à prendre une part de plus en plus considérable à la gestion de ses intérêts. En un mot, l'Empire était décidément entré, et par l'inévitable conséquence de la politique spontanément libérale du souverain, dans une période de luttes et d'épreuves.

Appelé soudainement, sans préparation, sans autre notoriété devant la Chambre qu'une réforme économique qui n'avait peut-être pas eu toutes ses sympathies, à prendre, dans de pareilles conjonctures, le fardeau des affaires, M. Rouher était-il bien en mesure d'affronter victorieusement les exigences d'une politique militante? Je crois qu'il exprima très-vivement au chef de l'Etat ses doutes sur ce point, et que, dans sa défiance de lui-même, s'il eût connu un homme d'Etat plus propre que lui à remplir la périlleuse mission qui lui était confiée, il l'eût très-volontiers déclinée en sa faveur. Mais cet homme d'Etat n'existait pas, et, d'un autre côté, les moments étaient précieux. M. Rouher accepta.

Aussi bien, ses amis ne partageaient pas ses inquiétudes sur l'issue du rapprochement que le pays allait faire entre M. Billault et son successeur. Sans doute, M. Rouher ne possédait pas encore la remarquable aptitude de son prédécesseur à exposer et à défendre, dans le plus splendide langage, les grands intérêts de l'Etat; mais il lui était sensiblement supérieur par l'ensemble des connaissances juridiques, administratives et économiques. Sans doute, il n'avait pas et ne devait jamais avoir au même degré, cette calme, souple, insinuante et presque caressante éloquence, qui charmait toujours et désarmait quelquefois les plus rudes adversaires de l'ancien ministre d'Etat, — mais il avait la rapide et profonde intelligence des affaires et ce coup d'œil sûr qui devine le point sur lequel se portera de préférence l'attaque et qu'il faudra défendre avec le plus d'énergie.

Au moment qui nous occupe, la parole de M. Rouher avait je ne sais quoi de sobre, de contenu, de grave, d'austère que donnent toujours la longue pratique des affaires, les longues études du cabinet. Or, il ne faut pas se le dissimuler, dans une assemblée française, composée en grande partie d'hommes chez lesquels l'imagination joue un rôle considérable, c'est autant à cette brillante faculté de l'esprit humain qu'à la froide et sévère raison, qu'il faut savoir parler. Il n'est que trop vrai que, chez nous, c'est moins par une dialectique nerveuse, serrée, exigeant, de la part de l'auditeur, une certaine contention d'esprit, un certain travail de la pensée, que par de grands mouvements oratoires, par une parole ardente et fortement colorée, qu'on obtient des résultats décisifs. Est-ce une question de climat, d'éducation, de race ? je ne sais ; mais on ne peut contester que les choses se passent autrement dans les pays du Nord, et notamment en Angleterre, où soit les motions, soit les lois qui touchent de plus près à la grandeur et à la prospérité du pays se discutent sous la forme d'une conversation presque familière, où la clarté, la netteté, l'abondance et l'enchaînement logique des idées sont les qualités dominantes de l'orateur.

Mais si M. Rouher ne pouvait se flatter de continuer immédiatement, par l'éloquence proprement dite, la brillante tradition de M. Billault, il avait sur lui, dès cette époque, l'avantage signalé de pouvoir traiter avec une égale facilité, une égale supériorité, les affaires intérieures et extérieures du pays, d'embrasser dans son ensemble la vaste synthèse de ses intérêts de toute nature.

Le cercle d'activité de M. Billault était plus restreint. Il se renfermait volontiers dans un certain nombre de grandes et belles thèses, qu'il savait admirablement et discutait en maître. Mais il eût perdu une notable partie de sa puissance, s'il lui eût fallu sortir de ce cadre de sujets que j'appellerai *inspirateurs*, pour intervenir dans un débat aride, où la parole eût été exclusivement aux faits, aux chiffres, aux documents. Chef d'un cabinet parlementaire, il se fût laissé battre, comme M. Guizot (avec le talent duquel le sien avait d'étroites affinités), dans la personne de ses collègues, au secours desquels il lui eût été probablement impossible de venir efficacement, si la discussion eût été spéciale et étrangère à ses études de prédilection.

M. Rouher, au contraire, réunissait, dès cette époque, les aptitudes variées d'un chef de gouvernement, en ce sens que, s'appropriant avec une rapidité qui tenait à l'intuition (intuition secondée, il est vrai, par un labeur incessant) toutes les questions qui pouvaient surgir à l'horizon politique ou économique du pays, il était en mesure de prendre une part active à toutes les luttes du cabinet contre l'opposition.

Et maintenant abordons, mais avec la concision qu'exige le cadre de cette monographie, l'analyse des travaux parlementaires du nouveau ministre d'Etat.

VI.

La session de 1863 à 1864 vient de s'ouvrir. L'adresse est en discussion. M. Thiers monte à la tribune, et après avoir expliqué son retour à la vie publique dans un discours au moins égal à ceux de la période la plus brillante de sa carrière politique, il s'empresse de revendiquer un certain nombre de libertés dites nécessaires et dont l'ensemble comprend le retour complet au régime fatal qui a sombré en 1830 et en 1848. M. Rouher, dissimulant de son mieux une émotion profonde et bien légitime, répond sans hésitation, sans trouble apparent. Après un pieux et touchant hommage à la mémoire de son illustre prédécesseur, et un appel à l'indulgence de la Chambre, il pénètre hardiment dans le cœur de la discussion, opposant aux dangereuses libertés du gouvernement parlementaire qui, de 1789 à 1848, ont conduit plusieurs fois la France sur l'abîme, la Constitution de 1852, sous l'égide de laquelle la France paisible, fière, glorieuse et pleine de confiance dans le souverain, a vu se développer, avec une rapidité inouïe, au milieu du calme intérieur le plus profond, des éléments de grandeur et de richesse inconnus jusque-là.

Le succès de M. Rouher n'est pas douteux un instant, et l'on voit la majorité applaudir avec une vivacité qui semble indiquer une sorte de soulagement d'un long et cruel souci. C'est qu'en effet, si M. Billault n'est pas encore remplacé, la politique de l'Empire vient de retrouver un interprète éloquent et convaincu, et il est facile de prévoir que cet interprète grandira sans relâche. Cette journée (11 janvier 1864) fut bonne pour l'Empereur et le pays.

M. Thiers fait, le 14 janvier, son second grand discours de la session. Les candidatures officielles en sont l'objet. On connaît suffisamment la nature de l'attaque. La défense est bien simple : Est-ce que tous les gouvernements représentatifs n'ont pas eu leurs candidats plus ou moins officiels? Est-ce que les partis hostiles ont seuls le droit d'intervenir dans les élections pour les exploiter à leur profit ? Est-ce que le pouvoir, surtout quand il a reçu deux fois le glorieux baptême du suffrage universel, n'est pas, lui aussi, un grand parti, le parti de l'ordre, de la stabilité dans les institutions, du progrès, du dévouement éclairé aux intérêts du pays?

L'expédition du Mexique amène de nouveau M. Thiers à la tribune. C'est encore M. Rouher qui lui répond. On remarque les considérations économiques par lesquelles il la justifie, considérations fondées surtout sur les avantages matériels qui doivent en résulter pour les deux pays, par le fait d'un accroissement considérable de leurs relations commerciales; — généreuse illusion à laquelle des événements impossibles à prévoir devaient bientôt donner un si triste démenti!...

A l'occasion de la même discussion (adresse), M. Rouher défend contre M. Jules Favre la direction imprimée à nos relations extérieures et affirme la politique pacifique du Gouvernement.

La discussion du budget devait voir se renouveler le débat de l'adresse, les nouveaux chefs de l'opposition, MM. Thiers et Berryer, ayant naturellement le vif désir de communiquer au pays les discours qu'ils ont dû se tenir à eux-mêmes pendant leur long interrègne législatif. M. Thiers en prononce deux (en tout quatre depuis l'ouverture de la session). Dans ces deux véhémentes philippiques, l'ancien chef du cabinet du 1er mars fait le procès à la gestion financière du second Empire et assure qu'il conduit le pays à la banqueroute. M. Berryer tient le même langage. Seulement les deux orateurs, unanimes dans l'attaque, se séparent dans les moyens de parer au déficit qu'ils signalent. M. Berryer veut une forte réduction de l'armée, dût le pays ne pouvoir soutenir son rang en Europe. M. Thiers, qui connaît beaucoup mieux les conditions d'influence extérieure d'un grand pays comme le nôtre, en réclame impérieusement le maintien. Dans une forte et spirituelle réponse M. Rouher renvoie l'un à l'autre les deux opposants, en priant particulièrement M. Thiers de convaincre M. Berryer.

Dans une autre enceinte, et à l'occasion d'une pétition demandant la réduction, puis la fixité du taux de l'escompte par la Banque de France, M. Rouher, passant sans difficulté, et à titre de délassement, d'une thèse politique à une thèse économique, soutient, au Sénat, contre M. Michel Chevalier, le privilége de cet établissement, affirmant que l'unité de la monnaie fiduciaire est le corrélatif nécessaire de l'unité de la monnaie métallique. Plus tard peut-être, M. Rouher modifiera son opinion dans le sens, non pas de la pluralité des banques d'émission, mais d'une plus grande indépendance, vis-à-vis du Gouvernement, de la banque unique.

Signalons encore, dans cette session, et à l'occasion de la discussion de l'adresse, un discours de M. Rouher en réponse à M. de la Guéronnière, discours dans lequel il conteste l'opportunité des réformes libérales demandées par l'éloquent sénateur, et en ajourne l'examen utile.

N'omettons pas non plus une solide défense, au

nom du Gouvernement, de la nouvelle organisation de l'administration des haras.

Si ma mémoire est fidèle, c'est dans la session des conseils généraux de 1864 que M Rouher, président de celui du Puy-de-Dôme, lui donne lecture, à l'occasion du projet de loi, alors en élaboration, sur l'élargissement de la compétence de la représentation départementale, d'une très-intéressante notice historique sur les assemblées locales de l'ancienne province d'Auvergne. Heureux ministre, qui, au milieu de ses travaux et de ses préoccupations politiques, trouve encore quelques loisirs à consacrer aux lettres, faisant ainsi pressentir qu'elles seront sa consolation, sa joie et son honneur dans la retraite, toujours prématurée, que lui feront tôt ou tard les événements!

La session de 1865 vient de s'ouvrir. La question romaine appelle M. Rouher à la tribune du Sénat. L'embarras du ministre est extrême. Le gouvernement pontifical a donné des griefs sérieux à celui de l'Empereur. Mal entouré, mal conseillé, le pape manifeste, contre notre pays, des dispositions décidément hostiles; les rapports sont des plus tendus. Mais, d'un autre côté, la souveraineté temporelle compte, en France, d'énergiques défenseurs, dont les plus ardents peut-être se trouvent dans les deux Chambres. L'attitude de M. Rouher doit donc être des plus réservées. Il lui est interdit d'engager l'avenir, d'aliéner la liberté d'action du souverain. L'état de l'opinion publique l'oblige, en outre, aux plus grandes protestations de respect, aux manifestations de la plus profonde déférence pour les principes et les sentiments religieux engagés, à tort ou à raison, dans le conflit. Malgré ces entraves à la libre expression de sa pensée, M. Rouher s'efforce, dans un discours des plus habiles, de concilier le double intérêt qu'il a mission de sauvegarder. Toutefois, les difficultés de la situation sont supérieures à toutes les précautions oratoires, et le Sénat se prononce, à une grande majorité, pour le maintien de la souveraineté temporelle.

Au Corps législatif, l'opposition (discussion de l'adresse) demande le rappel du décret de février 1852 sur la presse, et notamment la substitution de la juridiction des tribunaux, en matière de répression, à celle de l'administration. M. Rouher soutient énergiquement, dans un intérêt de salut public, le décret attaqué, ne permettant même pas d'entrevoir l'époque à laquelle le régime qu'il consacre pourra faire place à une législation moins exceptionnelle. Il est vrai qu'en ce moment la majorité qui soutient le Gouvernement est encore compacte et qu'il ne s'est point encore formé, dans son sein, un tiers parti demandant avec une insistance croissante la substitution de l'Empire libéral à l'Empire *autoritaire.* D'importantes concessions devront être faites plus tard à ce parti, dont les aspirations libérales ne sont peut-être pas libres de toute préoccupation soit de vanité, soit d'ambition.

M. Rouher combat et fait repousser l'amendement par lequel la gauche demande la nomination de leurs présidents par les conseils généraux, le choix obligatoire des maires dans le sein des conseils municipaux, et la fin du régime exceptionnel auquel sont soumises, au point de vue de la gestion de leurs intérêts locaux, les villes de Paris et de Lyon. Il prend toutefois, au nom du Gouvernement, cet engagement que, désormais, les maires seront pris, autant que possible, dans les assemblées électives.

Un autre amendement de la gauche blâmait l'expédition du Mexique; M. Rouher, encore plein d'illusions sur le dénouement de cette grande entreprise, déjà si coûteuse en hommes et en argent, la défend de nouveau avec une grande énergie, donnant une force nouvelle aux raisons de toute nature qui l'ont motivée, ainsi qu'à ses conséquences économiques probables. Il annonce, d'ailleurs, l'ouverture de négociations relatives au prochain retour de nos troupes.

La question d'Italie amène M. Thiers à la tribune. Il y développe, avec sa clarté habituelle et avec cette apparente modération qui fait une notable partie de sa force, son thème favori des dangers pour la France de l'unification de la péninsule, et de la nécessité, dans un intérêt religieux et politique, de maintenir à tout prix l'indépendance temporelle du pape. A ce point de vue, il combat la convention du 15 septembre comme ouvrant la route de Rome au moins aux bandes garibaldiennes. M. Rouher s'attache à justifier cette convention en rappelant qu'elle a subordonné le rappel de nos soldats au respect absolu, par le gouvernement italien, du trône pontifical, et combat comme inutile la prise en considération de l'amendement qui demande expressément le maintien de la puissance temporelle. Cet amendement est rejeté, mais 85 voix se détachent de la majorité pour l'appuyer. Il y a là un avertissement dont M. Rouher tiendra un compte sérieux. Il est évident que l'assemblée a subi à un très-haut degré l'influence des considérations développées par M. Thiers sur la double convenance, d'une part, de rassurer les consciences catholiques, de l'autre, de fournir au Gouvernement, dans le cas d'une guerre où l'Italie ingrate déserterait l'alliance française, le moyen de prendre à revers ses armées et d'en neutraliser en grande partie l'action.

Dans l'intervalle compris entre l'Adresse et la discussion du budget (même session) je n'ai guère à signaler que l'intervention active de M. Rouher dans les projets de loi relatifs à l'introduction du chèque en France; à la réorganisation des conseils de préfecture; aux conditions financières et à l'emplacement de l'Exposition universelle.

L'examen du budget fournit à M. Thiers une nouvelle occasion de signaler nos déficits. M. Rouher partage, avec M. de Vuitry, dont le talent et la compétence financière s'affirment chaque jour, l'honneur d'une réponse habile, ingénieuse, mais qui ne sera péremptoire que le jour où nous serons entrés dans la voie des excédants de recettes, quelque modestes qu'ils soient.

La session de 1866 vient de s'ouvrir (22 janvier). M. le duc de Persigny, dans un discours d'homme d'Etat et de véritable penseur politique, trace, à grands traits, une nouvelle théorie du Gouvernement, dans laquelle il délimite avec une remarquable précision la sphère d'action, d'abord du chef de l'Etat et des assemblées législatives, puis de l'autorité centrale et des conseils électifs locaux. L'application de cette théorie l'amène à critiquer le choix des maires par le Gouvernement au sein des assemblées municipales. Respectant l'édifice politique, un peu idéal peut-être, laborieusement construit par le noble orateur, M. Rouher se borne à justifier la mesure attaquée en la présentant d'abord comme un hommage au suffrage universel; puis comme une reconnaissance du double caractère de représentant des intérêts généraux et d'organe de l'administration locale, qui s'attache à la fonction de maire.

Au Corps législatif, l'opposition, réunie au tiers-parti, a demandé, par l'organe de 45 députés, le développement de la pensée libérale qui a inspiré le décret du 24 novembre. Dans un discours qui appelle vivement l'attention, parce qu'il signale un progrès considérable et presque imprévu dans la forme surtout du talent de l'orateur, M. Rouher prend de nouveau la dé-

*

fense de la Constitution de 1852 et donne un vigoureux relief à ses avantages, aux points de vue des garanties d'ordre, de stabilité et de progrès qu'elle offre au pays, puis du contrôle efficace qu'elle assure à ses mandataires sur la direction de ses intérêts de toute nature.

Cette réponse, très-caractéristique en ce qu'elle signale la ferme intention du Gouvernement de résister à l'impulsion qu'une partie de la Chambre et de la presse cherche à lui donner dans le sens du retour au régime parlementaire, donne une complète satisfaction au parti conservateur. Ce n'est pas que M. Rouher y repousse indistinctement toutes les réformes demandées par l'amendement; loin de là, il y annonce comme pouvant être utilement étudiée celle qui a pour objet les droits d'amendement et d'interpellation.

Au point de vue des intérêts économiques, la Chambre de 1863 se divise en deux camps bien tranchés : le camp des protectionnistes ayant pour principaux organes MM. Thiers et Pouyer-Quertier, et rencontrant, il faut bien le dire, d'assez vives sympathies dans la majorité; — le camp du libre-échange comprenant les députés des ports de commerce et des départements viticoles. La loi de 1860 sur la suppression de l'échelle mobile offre aux deux partis l'occasion de mesurer leurs forces. Fortement attaquée, dans l'intérêt de l'agriculture, elle est très-heureusement défendue par MM. Rouher et de Forcade, qui démontrent sans réplique que le bas prix des céréales, objet, depuis près de trois années, des plaintes du producteur, a eu exclusivement pour cause l'abondance prolongée des récoltes; que le même fait s'est produit, à diverses époques et dans des conditions identiques, sous le régime de la législation antérieure. Toutefois le Gouvernement ne croit pas devoir repousser la proposition d'une enquête sur l'état général de l'agriculture, sur ses besoins, sur ses vœux, sur les améliorations à introduire, en ce qui concerne ses intérêts, dans notre législation civile. Il s'engage même à prendre immédiatement les mesures nécessaires pour que cette enquête soit ouverte dans l'année même et reçoive la plus grande publicité possible.

Les deux partis se livrent également bataille sur le terrain de la loi relative à la marine marchande, conséquence obligée de la nouvelle politique douanière du pays, et MM. Thiers et Pouyer-Quertier s'y rencontrent avec les mêmes adversaires qui les ont victorieusement combattus à l'occasion de la loi sur les céréales.

Nous arrivons à la séance du 3 mai. Des événements considérables ont troublé la paix de l'Europe. La Prusse, préparée de longue main à une attaque contre l'Autriche, est entrée en campagne et marche de succès en succès contre un ennemi mal armé, mal approvisionné, mal commandé, que cette guerre semble avoir pris au dépourvu. Forte de l'inaction, préméditée ou non, du contingent fédéral, et de l'alliance de l'Italie, qui marche sur le quadrilatère, faisant ainsi échec à la meilleure armée dont l'Autriche puisse disposer, elle a des chances de succès inespérées, dont elle poursuit les conséquences avec une rapidité foudroyante.

Quelle aurait pu être la politique de la France avant l'explosion d'un conflit qui devait avoir une si grande gravité ? Aurait-elle dû intervenir, se jeter entre les deux armées, arrêter la lutte en se déclarant contre l'adversaire qui, le premier, ouvrirait le feu, imposer la paix dans un intérêt d'humanité, dans l'intérêt de l'équilibre européen, dans l'intérêt de la production et du travail qui ont besoin, pour produire tous leurs effets économiques, d'une entière sécurité ? Oh ! si le gouvernement français avait pu avoir, dans ce moment critique, quelque chose de la prescience divine, s'il avait pu voir l'Autriche écrasée, la Prusse absorbant militairement toute l'Allemagne, et devenant, par le fait de l'immense développement de sa puissance aggressive, une menace permanente pour la France, s'il avait pu voir la confiance générale ébranlée, le crédit, les transactions commerciales paralysés pendant des années entières, il eût certainement jeté son épée et planté son drapeau entre les belligérants, leur défendant impérieusement de passer outre. Mais il ne pouvait prévoir les faits considérables qui allaient s'accomplir. Au fond, peut-être sa politique fut-elle empreinte d'un certain égoïsme patriotique. Peut-être eût-il la secrète pensée que la France se fortifierait par l'épuisement de deux puissances auxquelles ne la rattachait, en définitive, aucun lien de sympathie ou d'intérêt. Il y avait lieu de croire, en effet, que la lutte serait formidable et que, les forces étant à peu près égales, elle serait remarquable par la ténacité, par l'acharnement. Dans cette hypothèse, un moment devait venir où la France, pure de toute ambition personnelle, n'ayant d'autre volonté que de maintenir l'équilibre européen, interviendrait, avec l'adhésion de l'Europe, et sans avoir besoin de recourir à des armements extraordinaires, pour retirer le vaincu de la mêlée, ramener le vainqueur dans ses anciennes limites, et dicter les conditions de la paix. Si le gouvernement français a eu cette illusion, fort légitime d'ailleurs, je comprends à merveille que M. Rouher se soit fait, à la Chambre, dans la séance du 3 mai, l'organe d'une politique expectante...

Mais ici, comme presque toujours, les événements devaient démentir les prévisions les plus naturelles et donner à la sagesse humaine une nouvelle preuve de sa vanité. Les succès de la Prusse furent si prompts, si décisifs, que, lorsque la France intervint, elle n'avait plus, vis-à-vis de l'aggresseur, les moyens d'intimidation nécessaires pour lui imposer sa volonté, et elle dut subir les traités de Nikolsburg et de Prague.

On a dit que, plus tard, lorsque la Prusse, usant largement et sans nul souci de l'opinion de l'Europe, de son éclatante victoire, accomplit sa politique d'agrandissement et d'absorption, la France devait s'y opposer, au besoin par la guerre. Disons-le nettement, c'eût été la plus dangereuse des aventures. À cette époque, si la France n'était pas militairement désorganisée, elle n'était nullement prête pour une lutte de cette grandeur. Et d'abord, elle avait encore au Mexique ses meilleurs régiments, son meilleur noyau d'armée, et leur retour se fût-il opéré en temps utile, elle n'aurait pu les utiliser au moins immédiatement, tant les fatigues, les souffrances de cette expédition avaient été cruelles, tant ces valeureux soldats avaient été éprouvés par le climat et les privations. Elle se trouvait, d'ailleurs, en face d'une armée admirablement organisée et commandée, fière de ses éclatants succès, pleine de confiance en elle-même et qui, peut-être, appelait de ses vœux secrets une guerre sur le Rhin. Derrière cette armée, la France rencontrait en outre une Allemagne exaltée par ses triomphes militaires, et unanime dans ses dispositions hostiles contre la France napoléonienne. Que l'on joigne à ces graves considérations l'infériorité manifeste de notre système d'armes à feu, infériorité qui venait de recevoir une si complète démonstration sur les champs de bataille de Kœniggræetz et de Sadowa, et dont notre soldat avait le sentiment profond, on aura une juste idée des difficultés, disons mieux, des dangers que faisait courir à la France, dans un pareil moment, sans parler de sa situation financière, une politique guerrière.

Mais si je félicite hautement le gouvernement français de son attitude de paix et d'observation, je comprends beaucoup moins certaine circulaire venant prendre, sans nul besoin, sans aucune provocation, la défense des faits accomplis, les représentant comme la conséquence en quelque sorte fatale, irrésistible, de cette loi mystérieuse des nationalités cherchant à se réunir, à se concentrer, à s'unifier, au mépris de cette autre loi, bien autrement importante, de la pondération des pouvoirs en Europe. Ah! je préfère de beaucoup la thèse de M. Rouher, soutenant à la Chambre qu'en définitive la situation est meilleure que sous le régime de l'ancienne Confédération, qui mettait en commun contre la France, en cas de guerre, non-seulement les armées de l'Allemagne, mais encore le contingent considérable de l'Autriche. Et on sait a ce sujet quelle avait été, dans la campagne d'Italie, l'attitude de cette Confédération vis-à-vis notre pays, et ses objections à la libération de l'Italie, par les armes françaises, des Alpes à l'Adriatique.....

Si Sadowa a eu des conséquences fâcheuses, ne fût-ce qu'au point de vue du mouvement d'opinion qui s'est produit dans le sens d'une diminution, disons mieux, d'un abaissement de la France, et de l'impossibilité morale pour notre pays d'accepter l'infériorité prétendue qu'elle lui a faite vis-à-vis de la Prusse agrandie, — elle a eu un avantage considérable, c'est de secouer la France militaire de sa torpeur, c'est de lui apprendre qu'il y avait là, en face d'elle, une puissance qui, sans bruit, avec le plus profond mystère, grandissait chaque jour dans l'art de la guerre, améliorant sans relâche son organisation, son armement, l'instruction de ses soldats et de ses officiers, faisant étudier par son état-major, le plus instruit qui soit en Europe, les perfectionnements de toute nature introduits dans les autres armées de l'Europe, l'employant à recueillir les renseignements les plus précis sur l'état des arsenaux, des places fortes, des effectifs réels, des voies de communication, en un mot, de tous les éléments d'attaque et de défense des pays voisins, mais surtout de la France. Tôt ou tard cette puissance dont, avec un peu plus d'attention et un peu moins de fatuité, nous aurions pu déjà constater, dans la guerre contre le Danemark, la grande aptitude militaire, cette puissance, disons-nous, devait frapper un grand coup en Europe. Dieu soit loué ! ce n'est pas la France qui l'a reçu.

Maintenant tous les résultats de Sadowa n'ont pas été aussi défavorables à notre pays qu'on a bien voulu le dire. Avant, la France et l'Autriche étaient séparées de toute la profondeur des ressentiments que le traité de Villafranca avait laissés au cœur de la maison de Habsbourg. Aujourd'hui les deux empires sont liés par une étroite communauté d'intérêts, et par l'identité des sentiments vis-à-vis de la Prusse. Or, lorsque l'Autriche aura refait son armée, rétabli ses finances, resserré le faisceau un peu dénoué de ses nationalités, elle pourra, sans coup férir, par le seul fait de la reconstitution de sa puissance, et avec le simple appui moral de la France, ramener dans son orbite l'Allemagne du Sud, assurer le respect de la limite du Mein par la Prusse, hâter la restitution au Danemark du Schleswig septentrional, et peut-être faire luire, au cœur des princes dépossédés, l'espoir de rentrer dans leurs Etats héréditaires.

L'agrandissement territorial de la Prusse, mais surtout son immense développement militaire, n'ont pas, au surplus, provoqué une satisfaction générale. L'Angleterre a pu ne pas s'en émouvoir, parce que l'influence de la France sur les affaires du continent en était réduite; mais la Russie a dû s'en préoccuper, car, d'une part, elle a des provinces allemandes dans sa vaste agglomération, et de l'autre, l'élément allemand joue un rôle considérable dans son corps d'officiers. L'Italie elle-même, malgré une tendance, helas! trop caracterisée, à s'affranchir de tout lien de reconnaissance envers la France, n'est pas restée indifférente à cette forte et soudaine prépondérance d'un pays qui traite ses alliés comme des vassaux et leur dicte, dans les termes les plus hautains, les conditions de son appui. Les Etats de second et de troisième ordre, témoins du sans-façon avec lequel la Prusse s'est annexé, en vertu, non de la force du droit, mais du droit de la force, les petites souverainetés à sa convenance, ont bien pu ne pas voir avec plaisir se substituer la politique impérieuse et aggressive des Hohenzollern à l'action calme, conciliante, désintéressée de la France, désormais satisfaite de ses limites actuelles et de ses 40 millions d'âmes.

Quant à notre pays, il sait maintenant où est l'ennemi, où est le danger. Il sait qu'il doit se replier et se concentrer dans sa force, ne plus mettre son épée au service de causes purement humanitaires, et renoncer définitivement à tout rayonnement, à toute expansion extérieure qui lui enlèverait la libre et immédiate disposition de la totalité de ses forces militaires. Si Sadowa a fait, par une de ces compensations étranges dont la Providence a seule le secret, une Autriche régénérée, une Autriche libérale et parlementaire, il en est sorti, pour tous les autres pays, cette leçon salutaire, déjà donnée d'ailleurs, depuis longtemps par l'Angleterre à l'Europe, que la véritable puissance s'acquiert beaucoup moins par les faits d'armes éclatants, surtout s'ils sont lointains, que par un sage aménagement des ressources de l'Etat tant en hommes qu'en deniers, et (chose triste à dire...) par le perfectionnement incessant des institutions militaires.

VII.

Mais j'ai hâte d'arriver à cette grande surprise que le second Empire devait donner au monde politique, d'un désarmement à l'intérieur.

Spontanément, sans y être poussé par les exigences de l'opinion, en vertu de sa seule et indépendante appréciation de l'état des esprits, contre l'avis de conseillers fidèles et dévoués, le chef de l'Etat s'est décidé à modifier l'attitude jusque-là énergiquement défensive de son gouvernement contre les partis hostiles. Il a pensé que le moment était venu de réaliser les promesses contenues dans la lettre du 24 novembre 1860. De là le décret du 19 janvier 1867, qui, rompant brusquement avec les idées de résistance que semblait indiquer le sénatus-consulte du 18 juillet 1866, portant défense de discuter la Constitution, supprime les stériles et irritantes discussions de l'Adresse, les remplace par le droit d'interpellation, élargit notablement cet autre droit, bien plus important, d'amender les projets de loi, et inaugure une sorte de retour indirect au gouvernement parlementaire par l'entrée des ministres à la Chambre, en vertu d'une délégation spéciale de l'Empereur. De là encore le sénatus-consulte de février 1867 (dont l'exposé de motifs appartient à M. Rouher), qui accroît les attributions du Sénat en lui accordant un veto suspensif sur les lois votées par le Corps législatif, en ce sens que, sur une résolution motivée de sa part impliquant une critique de ces lois, elles sont renvoyées de plein droit à l'assemblée dont elles émanent et ajournées à la session suivante, à moins d'une déclaration d'urgence dans la même résolution.

Le décret du 19 janvier était loin d'avoir obtenu l'adhésion de l'ensemble du cabinet. Aussi le *Moniteur* du 20 annonce-t-il une crise ministérielle. M. Rouher, un instant démissionnaire, reprend son portefeuille sur les instances du souverain, et consent même à y joindre provisoirement celui des finances, remis à l'Empereur par M. Fould. Un nouveau cabinet se forme, dont la double signification est celle-ci : à l'extérieur, politique de paix, mais en même temps réorganisation complète de l'armée et mise en état de toutes nos forteresses ; — à l'intérieur, politique progressivement libérale, mais avec le maintien des principes essentiels de la Constitution de 1852.

L'évolution que je viens de rappeler et le concours qu'après une résistance prolongée elle devait recevoir de M. Rouher, a été l'objet de nombreux commentaires. Les esprits étaient-ils réellement mûrs pour ce brusque abandon de la direction politique qui a donné à la France quinze années de paix intérieure, pendant lesquelles elle a rapidement développé les ressources de son sol et de son industrie ? Les partis avaient-ils réellement abdiqué ? La presse donnait-elle des preuves d'un retour sincère à la politique d'ordre et de conservation ? L'opposition était-elle devenue franchement dynastique ? Les masses étaient-elles calmes ? Les doctrines socialistes et communistes avaient-elles définitivement fait place à une saine appréciation des conditions dans lesquelles les sociétés vivent et prospèrent ? Beaucoup donnaient à ces questions une réponse énergiquement négative, et la motivaient par des faits d'une incontestable gravité. J'incline à croire que M. Rouher était l'un d'eux. Mais alors pourquoi prêtait-il son appui à une politique qui n'était pas la sienne et qui pouvait, qui devait créer à l'Empire les plus grands embarras? Autant qu'il est permis de juger la conduite d'un homme d'Etat, lorsqu'on n'a pas l'honneur d'appartenir à son intimité, je l'expliquerais volontiers d'abord par une considération personnelle, puis et surtout par une raison d'Etat.

La première était celle-ci : précisément parce que M. Rouher était indispensable à l'Empereur, son patriotisme l'enchaînait en quelque sorte fatalement à sa politique. Sans doute, il pratiquait librement, largement son droit de conseil et même de remontrance; mais ce droit une fois épuisé, et sans résultat, il se trouvait dans l'alternative, ou de rentrer dans la vie privée et d'abandonner le souverain, plus ou moins désarmé, aux éventualités d'une lutte dangereuse à la fois pour l'Empire et pour le pays; — ou de le suivre, au péril de sa popularité, c'est-à-dire de son action sur la majorité, dans les hasards d'une politique nouvelle et téméraire. Entre ces deux alternatives, M. Rouher, enchaîné, d'ailleurs, par une reconnaissance qui, à son grand honneur, ne s'est jamais démentie, M. Rouher ne pouvait hésiter. C'est ainsi qu'on a pu dire de lui, avec autant d'esprit que de vérité, qu'il avait, vis-à-vis de l'Empereur, *la faiblesse de sa force*.

La raison d'Etat était, en outre, de nature à le toucher. Je n'ai reçu aucune confidence, mais il me semble avoir entendu le souverain tenant à son ministre hésitant et plein de doutes, le langage suivant :

« La France a été tristement impressionnée de cette double épreuve de notre politique extérieure, Sadowa et l'abandon du Mexique. Dans un pays aussi sensible que le nôtre aux échecs de la vanité nationale, ces deux graves événements sont une cause d'affaiblissement pour mon gouvernement. Faire la guerre est impossible ; nous nous trouvons, avec un effectif insuffisant et mal armé, en présence de vaillantes et nombreuses troupes, ivres de leurs succès et disposant d'engins de guerre perfectionnés qui nous font encore défaut. Un désastre pourrait être la conséquence d'un conflit engagé dans de pareilles conditions. Il importe donc de faire une forte diversion aux sombres préoccupations des esprits, et je n'en connais pas de plus puissante qu'une certaine satisfaction donnée, donnée librement, spontanément, aux instincts de liberté qui, chez nous, veillent toujours au fond des cœurs. Eh bien ! aux périlleuses émotions des champs de bataille, substituons celles des luttes parlementaires et de la presse. Elles ont aussi leur danger, je le sais; mais il est possible de le limiter. Sous la monarchie de 1830, la France ne se consola-t-elle pas du règlement, sans elle et contre elle, de la question d'Orient par le spectacle des tournois parlementaires d'une pléiade d'orateurs éminents? Sans donner à ces joutes le même espace, les mêmes dimensions, faisons les revivre, et la France attendra plus patiemment des jours meilleurs.

« J'ai, au surplus, à cœur de donner un éclatant démenti à cette affirmation de mes ennemis que l'Empire est incompatible avec la liberté. Au fond, je n'ai rien à craindre d'elle; je n'ai pas de politique occulte, je n'ai pas d'intérêts dynastiques à faire prévaloir sur ceux du pays; je veux ce qu'il veut, c'est-à-dire, au dehors, le maintien de sa légitime influence; au dedans, une sage administration de ses finances, un gouvernement libéral, progressif, accessible à toutes les idées raisonnables de réforme et de progrès, une vive et constante sollicitude pour les besoins, les vœux, les aspirations des classes ouvrières. C'est la démocratie que le pays a couronnée en moi; je veux rester fidèle à mon origine, à mon principe. Eh! bien, je crois qu'une politique de cette nature est facile à défendre devant les Chambres, et, en ce qui vous concerne, Monsieur le Ministre, vous aurez d'autant plus d'éloquence, que vous serez plus convaincu de mon abnégation personnelle et de mon dévouement absolu au pays.»

C'était là un digne et honnête langage qui, s'il ne calmait pas toutes les appréhensions, tous les scrupules de M. Rouher, justifiait cependant, dans une grande mesure, la nouvelle politique impériale et lui permettait de s'y associer, même après sa célèbre et encore récente réponse aux 45 signataires de l'amendement que l'on connaît.

VIII.

La session de 1867 est ouverte (14 juin). A l'occasion de certaines mesures de police destinées à arrêter la distribution de je ne sais plus quel manifeste de M. de Chambord à ses fidèles, l'opposition est autorisée à interpeller le Gouvernement sur une prétendue violation du secret des lettres. C'est dans cette discussion que M. Rouher pratique, pour la première fois (au moins à mon souvenir), ce courage, très-rare chez les orateurs officiels, qui consiste à confesser une interprétation fautive de la loi par les fonctionnaires publics, lorsque leur bonne foi, leur loyauté ont été mises hors de doute.

Par l'organe de M. de Lanjuinais, l'opposition se plaint amèrement du retrait de l'adresse, que ne remplace pas suffisamment, suivant elle, le droit d'interpellation. Allant résolûment au-devant des difficultés personnelles que lui a créées, vis-à-vis de la majorité, non-seulement le décret du 19 janvier, mais encore la présentation des projets de loi sur la presse et le droit de réunion, M. Rouher, dans un discours d'une habileté consommée, et où cependant l'inspiration semble dominer, développe cette triple affirmation : 1° que le décret du 19 janvier est entièrement spontané, son auteur n'ayant subi aucune pression; 2° qu'il constitue un pas décisif dans la voie libérale inaugurée par celui du 24 novembre 1860; 3° que le droit d'interpellation est une large compensation de la suppression de l'adresse, puisqu'il est en quelque sorte l'adresse permanente, l'adresse étendue à la session tout entière, le Gouvernement pouvant être mis en demeure de s'expliquer sur sa conduite au moment même où les événements s'accomplissent.

Ce discours, terminé par une chaleureuse apologie de la conduite du chef de l'Etat, obtient un de ces succès d'entraînement qui marquent une étape glorieuse dans la carrière d'un homme d'Etat. L'effet est décisif : la position de M. Rouher, un instant compromise, devient plus forte que jamais ; et la majorité, quelque temps inquiète, agitée, divisée, oublie ses griefs et resserre ses rangs.

Le 14 mars, M. Thiers, avec l'adhésion de la Chambre, interpelle le Gouvernement et reproduit les vives critiques qu'il a déjà faites dans la session précédente, de la politique extérieure de la France en 1866, en 1859 et même à l'occasion de la guerre de 1863 contre le Danemark. Il attaque surtout avec une grande véhémence la théorie des grandes agglomérations basées sur le principe des nationalités, soutenant que l'application de ce principe fera descendre un jour la France au rang de puissance de troisième ordre.

Pour se faire une juste idée de l'inégalité

des moyens d'attaque et de défense, dans de pareils engagements, il importe de se rendre compte de la situation respective de l'opposition et du Gouvernement.

L'opposition n'a rien à craindre, rien à ménager. Elle n'assume, vis-à-vis du pays et de l'étranger, aucune responsabilité. Sa liberté de langage est entière; elle peut sans aucun risque personnel, injurier, calomnier non-seulement les adversaires qu'elle a en face d'elle, mais encore les gouvernements, les souverains étrangers. Il lui est loisible de dresser des plans de campagne, de faire marcher les armées, de diriger des expéditions, de faire et refaire à son gré la carte de l'Europe.

Le Gouvernement, au contraire, est tenu à une réserve extrême, s'il ne veut pas altérer ses rapports avec les États voisins, et mettre en péril des négociations qu'il poursuit quelquefois au moment même de la discussion. Il est souvent obligé, au nom du même intérêt, de se taire sur les véritables mobiles de sa conduite pendant les événements qui font l'objet de la discussion, mobiles qui l'absoudraient peut-être complétement, s'il pouvait les mettre au jour. De là, pour l'orateur officiel, des réticences obligées, des dissimulations nécessaires, qui bâillonnent en quelque sorte sa pensée et le placent dans un état d'infériorité manifeste vis-à-vis de ses aggresseurs. Et pour citer un exemple, à l'opposition qui viendrait lui reprocher de n'avoir pas agi avec une vigueur suffisante dans certaines conjonctures délicates, pourrait-il répondre, sans découvrir et affaiblir son pays, qu'il n'avait pas une armée suffisante, que ses finances étaient trop engagées, ses alliances (s'il en avait) trop douteuses, pour prendre une résolution qui aurait pu conduire à la guerre et à une guerre destinée peut-être à se généraliser, à prendre des proportions imprévues? J'arrive à la réponse de M. Rouher.

M. Rouher a un procédé oratoire qui mérite une mention particulière parce qu'il a le double avantage d'indiquer nettement le plan de son discours et de signaler chez l'orateur la ferme intention de ne laisser aucun point dans l'ombre, aucune affirmation sans réponse.

Il résume tout d'abord avec une clarté, une précision irréprochable, et sans descendre à en affaiblir l'expression, les données principales de l'attaque qu'il va repousser, puis il prend l'offensive, et avec une vigueur, une verve, une puissance qui se joue des difficultés du sujet, et que les interruptions les plus mordantes ne font qu'accroître, il déloge successivement l'ennemi de toutes ses positions, ne s'arrêtant que lorsque le champ de bataille lui paraît complétement déblayé, c'est-à-dire lorsque les applaudissements de la majorité, son véritable juge, lui ont appris qu'il n'est rien resté debout de l'argumentation de son adversaire. Il entonne alors dans une péroraison entraînante, une sorte de chant de victoire, qui est généralement un éloge très-ému du souverain, un éclatant hommage à l'étendue, à la sagesse de ses prévisions, à son amour désintéressé du pays.

C'est dans sa réponse au discours qui nous occupe, qu'il obtient, par le procédé que nous venons d'analyser, un de ses plus éclatants succès. Je me rappelle encore, sinon les paroles précises, au moins le sens d'un des passages les plus applaudis de cette réponse. «Non, disait-il, nous ne prenons pas pour les cris de détresse d'une nationalité opprimée, des agitations ambitieuses et révolutionnaires. Mais les aspirations de l'Italie à l'indépendance étaient légitimes; elles avaient pour elles la sanction du temps; elles s'étaient révélées par des manifestations nombreuses, graves, précises, concordantes, témoignages ardents, téméraires souvent, d'une conviction profonde, d'une inébranlable volonté. Non, l'unité allemande, telle que la Prusse l'a faite ou cherche à la faire, ne procède pas de l'unité italienne; elle a des causes bien antérieures, des racines plus profondes. C'est lui faire injure que de l'attribuer à un simple esprit d'imitation; elle existait déjà, dès 1815, sous la forme confédérative. Le Zollverein, que vous déclarez vous-mêmes n'avoir pu empêcher, l'avait, en outre, consacrée dans le domaine des intérêts économiques.» — Et plus loin: «Au fond la situation pour la France est meilleure qu'avant 1859. Elle avait alors sur ses frontières des Alpes, l'Autriche toute-puissante, sur le Rhin, l'Allemagne tout entière. puis l'Autriche encore. en tout 75 millions d'âmes; enfin, à l'arrière-plan, dans une pénombre menaçante, la Russie avec ses 70 millions d'habitants. Aujourd'hui, l'Autriche désintéressée en Italie, cet éternel champ de bataille de nos armées et des siennes, n'a plus avec la France que des intérêts, que des sentiments communs. La Russie n'éprouve nullement le désir de voir la Prusse plus grande, et, quant à la Prusse elle-même, satisfaite de la rectification de ses frontières, de l'extension de son hégémonie sur toute l'Allemagne non autrichienne, elle ne paraît pas aspirer à de nouvelles conquêtes. Dans tous les cas, il est certaines limites que la France ne lui laisserait pas franchir, celle du Zuyderzée par exemple. »

Il y avait là, en même temps qu'une saine appréciation des dispositions générales de l'Europe envers la France, un vif sentiment des exigences de la situation extérieure du pays, en même temps que de l'indépendance, mais, disons-le aussi, de la sagesse de la politique de l'Empereur dans les graves événements accomplis de 1859 à 1866. L'orateur avait donc le droit de s'écrier en terminant: «Vous avez dit, Monsieur, qu'il ne *restait plus une faute à commettre*; eh! bien, du plus profond de ma conviction, je me crois autorisé à vous dire: *aucune faute n'a été commise.*» — Et les applaudissements réitérés de la majorité confirment l'expression de ce légitime sentiment d'orgueil.

Ah! s'il avait été permis à M. Rouher de porter la guerre, à son tour, dans le camp ennemi, quelles représailles formidables il eût pu exercer! «Soyez plus discret, Monsieur, aurait-il pu dire à M. Thiers, dans votre appréciation de notre politique extérieure; souvenez-vous de ce que vous avez fait en 1840 lorsque, dans des circonstances devenues graves exclusivement par votre faute, vous vous êtes donné la triste satisfaction de provoquer l'Europe tout entière. Au mépris de la politique traditionnelle de la France qui exige le maintien de l'empire ottoman, comme une barrière aux séculaires ambitions de la Russie, vous vouliez en détacher l'Egypte, et lui porter ainsi le coup le plus sensible qu'il eût reçu depuis le traité d'Andrinople. Vous saviez que cette prétention d'établir la suprématie de la France dans un pays qui est le plus court chemin entre l'Angleterre et son empire de l'Inde, causait au cabinet de Londres le plus vif déplaisir. N'importe, vous avez marché de bravades en bravades, d'armements en armements, jusqu'au moment où la sagesse, un peu tardive du roi, et les justes anxiétés du pays vous ont obligé de quitter un pouvoir dont vous n'aviez usé que dans l'intérêt de votre notoriété personnelle, et après avoir attiré à votre pays, d'abord le cruel affront du règlement sans son concours et contre vos prétentions, de la question dite d'Orient, puis le danger de l'hostilité permanente de l'Angleterre.

« Comparons maintenant notre politique à la vôtre.

« En 1854, la Russie, comptant sur l'abstention

de la France et de l'Angleterre, dont les rapports lui paraissent des plus tendus, marche sur Constantinople. La France, oubliant l'accueil plus que réservé fait au second Empire par sa redoutable voisine d'outre-Manche, lui tend la main et fait, avec elle, la campagne de la Baltique et de la Crimée.

« En 1859, l'Autriche veut étouffer la dernière voix libre et bienveillante pour la France, qui se fasse encore entendre en Italie, celle du Piémont, pour étendre ainsi sa suzeraineté sur la péninsule entière et menacer notre frontière des Alpes. Le danger est imminent. La France, après des tentatives réitérées pour prévenir un conflit qu'elle ne souhaite pas, se décide à tirer l'épée et poursuit l'Autriche jusque sous les canons du quadrilatère. Mais ici la Confédération allemande, conduite par la Prusse (par la Prusse!...), intervient et menace. Fallait-il faire la guerre à l'Allemagne entière venant au secours de l'Autriche? Non; nos intérêts et notre sympathie pour l'Italie avaient reçu pleine satisfaction. L'Italie, moins Venise, était libre et notre frontière des Alpes dégagée. Le but est atteint; nous nous arrêtons.

« En 1863, éclate en Pologne la plus intempestive des insurrections, la moins justifiée, occasion excellente et ardemment saisie par la Russie de compléter l'anéantissement de la nationalité d'une héroïque, mais toujours imprudente nation. La France intervient auprès du vainqueur par des conseils de modération;

pour aller au delà, l'appui au moins de l'Angleterre lui était nécessaire. L'Angleterre qui, à partir de cette époque, et satisfaite de ses lauriers de Crimée, semble vouloir, en matière d'intérêts européens, pratiquer la vie claustrale, refuse son concours armé. Fallait-il que, seule, champion quand même, sorte de chevalier errant de toutes les nationalités qui se compromettent par de folles agressions, la France fît la guerre à la Russie, entraînant probablement avec elle la Prusse et l'Autriche, complices de l'ancien démembrement de la Pologne? Non.

« En 1863, une exécution fédérale, inspirée uniquement par cette politique du plus fort à laquelle l'Autriche a le tort grave de s'associer et qui se retournera un jour cruellement contre elle, une exécution fédérale menace le Danemark. La France fait succéder aux conseils de modération adressés aux deux parties, des protestations énergiques contre l'enlèvement des duchés à la couronne du Danemark, au mépris du traité de 1852. Ces protestations demeurant sans succès, elle s'adresse à l'Angleterre pour une action commune dans le cas d'une demarche plus décisive. Cette action lui est refusée. Devait-elle déclarer et faire seule la guerre à la Confédération, quand son honneur et ses intérêts n'étaient pas en jeu?

«En 1866, la Prusse, au mépris d'une décision fédérale, arme contre l'Autriche. La guerre est imminente. La France, bien que la querelle lui soit étrangère, et qu'elle ne puisse, en définitive, mettre ses trésors et son sang au service d'une prétendue mission de redressement des politiques violentes, intervient inutilement dans un intérêt d'humanité. Devait-elle faire la guerre à la Prusse, surtout quand toutes les chances paraissaient être contre l'agresseur dans ce conflit d'une gravité imprévue? Devait-elle se faire juge des griefs des belligérants et leur imposer, par l'épée, une sorte de sentence arbitrale que nul ne lui demandait?

«Voilà pour la politique française en Europe. Mais en Amérique? Mais l'expédition du Mexique?

«Trois puissances européennes, dont les nationaux sont depuis longtemps l'objet d'odieuses persécutions de la part du bandit Juarez, envoient en commun une expédition chargée d'avoir raison de ce misérable. Effrayées des conséquences que peut avoir une guerre, même heureuse, dans un pays qui leur est inconnu et dont le climat est meurtrier, l'Espagne et l'Angleterre se contentent d'un traité qui aura le sort des précédents, et rappellent leurs troupes. Restée seule sur le champ de bataille, la France se décide à marcher sur Mexico et à dicter, dans sa capitale même, des conditions de paix à l'assassin, au spoliateur de nos compatriotes. Nos colonnes s'avancent refoulant l'ennemi devant elles. Mais elles sont arrêtées par un obstacle imprévu: les fortifications de Puebla, dont une artillerie et des approvisionnements insuffisants ne leur permettent pas de triompher immédiatement. Des renforts sont demandés et envoyés.

Mais l'expédition se prolonge, et à la prévision d'un coup de main rapide et heureux a succédé la perspective d'une guerre ordinaire contre un ennemi qui se défend obstinément derrière ses murailles. Cependant notre armée victorieuse est arrivée jusqu'à Mexico et Juarez est en fuite.

« Appelée à prendre les rênes du gouvernement, la France conçoit la pensée de vivifier, de régénérer ce pays, qu'un demi-siècle d'anarchie, de violences, de désordre, de mépris par ses gouvernants de toutes les lois divines et humaines, a fait tomber dans un abîme de misère et de dégradation. L'Empereur s'émeut à la pensée héroïque de le rendre à l'humanité, à la civilisation, de l'enrichir par le développement, sous l'égide des lois respectées, de l'ordre rétabli, du principe d'autorité remis en honneur, de ses immenses ressources naturelles. Le pays tout entier applaudit à ce beau rêve de la régénération d'un peuple qui ne demande qu'à reprendre son rang parmi les nations chrétiennes et qu'enchaînera à la France, artisan de sa délivrance et de sa future grandeur, le lien d'une éternelle gratitude. L'Europe ne pourra voir, d'ailleurs, que d'un œil favorable la formation d'un empire mexicain destiné à arrêter dans sa marche envahissante une puissance qui menace de dicter un jour des lois au vieux continent. Précisément les graves embarras de cette puissance, que dévore en ce moment la guerre civile, favorisent la régénération projetée du Mexique. L'Empire est donc décrété, et à sa tête la France appelle un jeune prince qui a toutes les qualités, tous les dons de l'esprit et du cœur qu'exige le succès de sa belle mission.

« Tout marche d'abord au gré des amis du Mexique. Les populations enthousiasmées se pressent autour du jeune empereur et l'acclament. Ardent au travail, admirablement secondé par une femme d'un esprit supérieur et d'une grâce séduisante, le chef du nouvel État embrasse, dans son infatigable activité, l'étude de tous les moyens propres à rendre à ce pays si longtemps courbé sous la main sanglante de la plus ignoble des tyrannies, le sentiment de sa dignité, le courage moral, la confiance en lui-même, l'espoir d'une destinée meilleure. Ses premières mesures réussissent; sa popularité s'étend; les chefs de bandes désarment et viennent se ranger sous son drapeau; sa domination s'étend de province en province; il fait, en un mot, et avec une rapidité du meilleur augure, la conquête morale et matérielle de son empire.

« Mais bientôt des nuages s'amoncellent à l'horizon. Les difficultés intérieures sont plus grandes, les abus plus enracinés, plus puissants, plus énergiquement défendus, les habitudes de désordre, de résistance à toute autorité plus invétérées qu'on ne l'a présumé. Puis des fautes ont été commises. On s'est notamment attaqué, et sans nécessité, à un clergé influent et vindicatif. D'un autre côté, des dissentiments regrettables ont éclaté entre le chef du corps expéditionnaire français et le jeune empereur, dissentiments qui ont peut-être diminué le concours qu'il devait en attendre, et affaibli son autorité vis-à-vis des populations. Le sentiment de la nationalité s'est, en outre, vivement éveillé chez le peuple mexicain et le prolongement de l'occupation française a suscité de nombreuses susceptibilités. Ce n'est pas tout: en France, on commence à se plaindre d'une expédition coûteuse, très-coûteuse, et des pertes, bien autrement graves, que le climat et les fatigues excessives infligent à cette petite et vaillante armée. Les commissions du budget sonnent l'alarme; l'opinion s'émeut; la Chambre gronde; on demande de plus en plus vivement que le nouvel empire se suffise à lui-même et que la France rapatrie ses héroïques soldats. Une négociation s'ouvre dans ce but; des facilités particulières seront données au souverain du Mexique pour la formation d'une armée nationale. On recrute en outre en Europe une forte légion étrangère. Tout se prépare enfin pour le retour de l'armée française, lorsque le dénouement imprévu de la guerre civile aux États-Unis vient précipiter la crise. Le gouvernement de Washington, fidèle à la doctrine de Monroë, réclame impérieusement le départ de nos troupes. Résister, surtout quand l'évacuation est déjà résolue, c'eût été insensé; la France ne pouvait, pour un intérêt étranger, soutenir, à 3,000 lieues de son territoire, une guerre colossale. Notre armée reprend donc le chemin de la patrie; mais les bandes de Juarez, ne trouvant plus de résistance, occupent successivement les postes, les villes qu'elle quitte.

« Trahi par la fortune, le jeune empereur ne veut pas survivre à ses illusions. Vainement pressé de quitter avec nous la terre ingrate qui l'a méconnu, il refuse et s'obstine à tenir la campagne avec une poignée de fidèles. On sait le reste.

« Oui, certes, il y a eu là, si l'on veut, pour la politique de la France, un échec cruel; mais l'échec a été surtout pour un intérêt bien autrement élevé, l'intérêt de l'humanité et de la civilisation. La guerre a été une faute, dit-on; — soit, puisque les événements en ont ainsi décidé; mais, en cas de succès, quelle auréole au front de l'Empereur et du pays!

« Ennemis de l'Empire, trêve d'injures sur cette expédition, après la campagne de l'Angleterre contre Théodoros, en présence de ce spectacle d'un grand pays sacrifiant sans hésiter 500 millions, et compromettant un corps d'armée dans un pays inconnu, sous un ciel de feu, pour mettre en liberté un obscur agent consulaire. Heureux, trois fois heureux Napier, qui a triomphé d'abord, puis qui n'a pas eu la douleur de trouver, dans les bagages de l'ennemi, les discours des J. Favre, des Pelletan, des Picard, d'un parlement où, à l'honneur de l'Angleterre, on chercherait vainement ces avocats de l'étranger, ces insulteurs de leur pays!

« En résumé, voici le bilan des actes extérieurs du second Empire : En 1854-1855, guerre en

Crimée, guerre glorieuse et fructueuse à la fois; — en 1859, guerre en Italie, qui a le double caractère de la première et que termine l'annexion de Nice et de la Savoie à la France; — expédition en Syrie contre le gré et presque la volonté de l'Angleterre, dans le but de protéger les chrétiens du Liban contre le fanatisme musulman, et de relever, en Orient, le prestige affaibli de la France. — Même année, expédition heureuse en Chine et en Cochinchine, motivée soit par des insultes à notre pavillon, soit par des persécutions contre nos missionnaires. — En 1863, expédition au Mexique pour venger nos compatriotes assassinés ou pillés, et placer ceux qui ont survécu sous l'égide d'un gouvernement civilisé. — En 1866, maintien d'une neutralité absolue entre deux puissances auxquelles ne nous rattachent ni nos sympathies, ni nos intérêts. — En 1867, expédition sur Rome pour maintenir, contre les bandes garibaldiennes et la complicité du gouvernement italien, la souveraineté pontificale garantie par la convention du 15 septembre. — Même année, évacuation par la Prusse, sur la demande de la France et la décision d'un congrès des grandes puissances, de la forteresse de Luxembourg.

« Quelle est, en définitive, pour les esprits impartiaux, pour les honnêtes gens, la portée, la signification, la *caractéristique* de cette série de manifestations toujours énergiques, toujours indépendantes, de la politique impériale? Je réponds sans hésiter : un sentiment toujours vif de l'influence, de l'honneur du pays. »

Je reviens aux travaux de la session de 1869.

Un discours de M. Thiers sur la politique intérieure provoque une réponse de M. Rouher, qui amène un incident des plus orageux, l'opposition, et M. Thiers lui-même, se laissant emporter jusqu'à attaquer le principe, l'origine même de la monarchie impériale.

La discussion de la loi sur les sociétés commerciales est confuse et se traîne péniblement ; M. Rouher y ramène, à plusieurs reprises, l'ordre et la clarté.

Troisième et ardente attaque de M. Thiers et de son toujours violent auxiliaire, M. J. Favre, au sujet du drame de Queretaro. Réponse digne, haute, ferme de M. Rouher, faisant appel à la fidélité de la majorité dans la bonne comme dans la mauvaise fortune, et en recevant, en signe d'assentiment, des applaudissements réitérés.

Le 23 juillet, MM. J. Favre et Berryer reviennent à la charge sur l'expédition du Mexique et critiquent les opérations financières qui s'y rapportent. M. Rouher justifie aisément l'intervention du Gouvernement dans ces opérations.

Quelques jours après, un député, que ses allures douteuses, que ses oscillations politiques ont complétement isolé à la Chambre, se permet, sans provocation aucune, un acte d'agression directe, personnelle contre M. Rouher. Un pareil procédé, étrange, inusité, émeut vivement la majorité et surprend jusqu'à l'opposition. L'insulteur attend vainement une réponse ; avec l'assentiment tacite de la Chambre, M. Rouher lui inflige le châtiment mérité du silence. Quel pouvait être le motif d'une pareille manifestation? M. E. Ollivier croyait-il la succession du ministre d'Etat ouverte et aspirait-il au périlleux honneur de le remplacer? on aurait pu le croire ; mais le lendemain, une lettre de félicitation du souverain, accompagnée des insignes en diamant de la Légion d'honneur, mettait un terme au bruit de la démission du ministre d'Etat.

Cette campagne parlementaire se termine, pour M. Rouher, par une vigoureuse défense, au Sénat, de la loi abolitive de la contrainte par corps.

IX.

La session de 1867-1868 s'ouvre le 18 novembre 1867. Un remaniement ministériel partiel l'a précédée de quelques jours. M. Magne a remplacé aux finances M. Rouher, resté ministre d'Etat, et M. Pinard a reçu le portefeuille de l'intérieur, avec la mission délicate de soutenir les projets de loi sur la presse et le droit de réunion.

M. Thiers, qui a fait de tout temps de la politique extérieure la spécialité de son opposition, interpelle le Gouvernement sur l'expédition de

Rome, ce grave événement de l'intersession. A ce sujet, il reproduit, avec une remarquable fidélité, tous ses discours antérieurs sur les dangers de l'unification de l'Italie, sur l'impolitique guerre de 1859, sur la nécessité d'assurer la souveraineté pontificale, etc., etc. — A son tour, M. Rouher est bien obligé de repousser les mêmes griefs par les mêmes arguments. On remarque seulement qu'entraîné par les manifestations de la Chambre, il accentue, avec une énergie particulière, l'intention de la France de garantir contre toute atteinte les dernières possessions du pape. Cette déclaration était nécessaire pour prévenir une scission au sein de la majorité.

M. E. Ollivier, que les lauriers de M. Thiers empêchent de dormir, fait, à son tour, une excursion sur le domaine de la politique extérieure, et affirme notamment qu'à l'occasion de la guerre d'Allemagne, la France a provoqué l'alliance de l'Italie avec la Prusse. Cette allégation, purement imaginaire, est vivement démentie par M. Rouher. Mais c'est M. Thiers qui se charge d'administrer à l'ancien commissaire de M. Ledru-Rollin, une juste correction. Ce dernier avait félicité l'Allemagne de son unification sous l'hégémonie de la Prusse. «— Nous sommes ici, s'écrie M. Thiers, tantôt Italiens, tantôt Allemands; quand serons-nous Français ?»

Une grande discussion s'engage, le 11 mai 1868, sur les conséquences économiques de la réforme douanière. Le parti protectionniste a comme toujours, pour organes principaux, MM. Thiers et Pouyer-Quertier. Dans un discours véritablement immense, et l'œuvre la plus remarquable peut-être qu'ait inspirée le principe de la liberté commerciale, M. Rouher, passant la revue de nos principales industries, démontre la complète innocuité des traités de commerce dans les phases diverses qu'elles ont parcourues depuis la réforme douanière. Il n'en croit pas moins devoir annoncer à la Chambre que, désormais, les remaniements de tarifs devront recevoir son adhésion.

M. Rouher prend une part active à la discussion du projet de loi sur l'armée. Il fait notamment rejeter la proposition de la minorité de la commission de réduire de 9 à 8 années la durée du service. Il rassure, en outre, la Chambre et le pays sur les motifs de la réorganisation de nos forces militaires, devenue, à la suite de l'accroissement considérable de l'effectif entretenu par l'Allemagne, la condition absolue du maintien de l'indépendance du pays.

Le projet de loi sur la presse a soulevé une vive opposition au sein de la majorité, prête à se diviser et à le rejeter. C'eût été, pour la nouvelle politique impériale, un échec grave. Par un pressant et éloquent appel à la conciliation, au maintien du concours dévoué que cette majorité a prêté, jusqu'à ce jour, au chef de l'Etat, et qui a permis d'accomplir, en commun, de si grandes ou si utiles choses, M. Rouher rassure les consciences alarmées, ramène les esprits incertains et flottants, et obtient, au scrutin, 215 adhésions contre 7 protestations. Jamais victoire plus complète ne couronna un stratégiste plus hardi et plus courageux.

Un égal succès l'attendait au Sénat, où les dispositions étaient encore plus hostiles pour la loi.

Le projet relatif aux Transatlantiques amène une critique sévère de nos sociétés commerciales, et particulièrement de celles qui sont subventionnées par l'Etat. La majorité paraît préoccupée de la gravité des faits qui lui sont signalés avec une verve incisive par M. Pouyer-Quertier. Un partage des voix paraît imminent. M. Rouher la rallie de nouveau en adoptant, au nom du Gouvernement, un amendement destiné à rendre plus efficace le contrôle de l'Etat sur les opérations des Transatlantiques.

On sait qu'en fait, la discussion du budget a remplacé l'adresse, de telle sorte que la Chambre possède aujourd'hui et le droit d'interpellation et la faculté de critiquer, sous prétexte d'un débat financier, la politique générale du Gouvernement. M. Rouher est ici, comme toujours, le premier et le dernier sur la brèche. L'article 25 de la loi de finances de 1869, par lequel il est accordé une indemnité de 4 millions de rentes aux porteurs de l'emprunt mexicain, provoque une des sorties les plus violentes du plus haineux des orateurs de l'opposition. Jamais M. J. Favre n'avait distillé tant de fiel, tant de venin. Or, on se rappelle encore les accents indignés et profondément émouvants par lesquels M. Rouher renversa tout cet échafaudage d'outrages et de calomnies péniblement élevé.

Je dois encore citer de M. le ministre d'Etat, comme appartenant (si mes souvenirs sont fidèles) à cette session, un exposé magistral des conditions économiques de l'Algérie, des intérêts des deux populations (indigène et européenne) qui l'habitent, et des moyens, à l'essai ou à l'étude, de les concilier.

X.

Nous touchons à la session de 1869. Une modification s'est opérée dans le personnel du cabinet, qui doit lui donner, dit-on, plus d'homogénéité, plus d'accord dans les vues, plus d'unité dans l'action. M. Pinard a cédé le portefeuille de l'intérieur à M. de Forcade, remplacé aux travaux publics par un des membres les plus estimés et les plus indépendants de la majorité, M. Gressier.

Cette session, séparée seulement par un intervalle de quelques mois des élections générales, paraît devoir être au plus haut degré une session d'affaires, et, par conséquent, se caractériser par un certain calme, par un certain apaisement des esprits. Mais l'opposition en a décidé autrement. Un débat des plus tenaces et des plus ardents s'engage au sujet du projet de loi destiné à ratifier un traité entre le Crédit foncier et la ville de Paris, traité par lequel la dette de cette ville envers cet établissement, au lieu d'être payable dans un délai très-rapproché, est répartie en annuités à longs termes. L'opposition, par la voix de ses organes les plus accrédités, critique amèrement non-seulement la situation financière de la ville, mais encore les merveilleux travaux d'édilité accomplis depuis 1853, puis, et surtout, l'opération de crédit connue sous le nom de *bons de délégation*, par laquelle l'autorité municipale s'est procuré, sans être obligée de recourir à l'emprunt, des ressources considérables.

Ici encore, la majorité, chez laquelle se sont éveillées, depuis la dernière session, des susceptibilités ombrageuses qu'accroît certainement le voisinage des élections, est sur le point de se diviser. Deux des orateurs les plus goûtés du Gouvernement, MM. Genteur et de Forcade, ont vainement livré l'assaut, avec autant de courage que de talent, à ses dispositions peu bienveillantes; son attitude devient de plus en plus froide et réservée. M. Rouher intervient. L'engagement prend alors une vivacité extraordinaire. L'opposition, renforcée du tiers-parti, tente des efforts désespérés pour entraîner un vote hostile. Vainement le ministre d'Etat fait-il d'importantes concessions; vainement se décide-t-il à reconnaître que l'émission des bons de délégation a été une opération irrégulière, parce qu'elle constituait un emprunt déguisé et que les emprunts communaux doivent être autorisés par la loi; — la majorité reste incertaine et indécise. Mais, à la nouvelle, vraie ou fausse, que M. Rouher, triste et découragé, va remettre sa démission à l'Empereur, elle se ravise enfin, et la loi est votée.

Cette bataille parlementaire a été certainement la plus longue, la plus pénible qu'ait livrée l'éminent ministre, et on peut ajouter que la victoire a été chèrement achetée. Une défaite amenait inévitablement la retraite de M. Rouher; car c'est une inexorable nécessité pour l'homme d'Etat qui, dans un gouvernement représentatif, dirige ou défend les affaires d'un grand pays, de vaincre toujours ou de disparaître de la lutte au premier échec sérieux! vainement la loi constitutionnelle ne reconnaît-elle la responsabilité ministérielle que vis-à-vis du souverain. Le sentiment de la dignité personnelle, supérieur à toutes les constitutions, la consacre vis-à-vis des Chambres.

Il est certain que l'opposition attendait avec une certaine impatience l'heure de cette discussion, pour porter au Gouvernement celui de ses coups qu'elle jugeait le plus redoutable. A la veille des élections, elle avait un intérêt évident à l'attaquer dans son œuvre la plus grandiose, dans son titre le plus impérissable au souvenir de la postérité. Paris transformé, et en moins de 17 années, est, en effet, la plus grande chose de ce règne. C'est le triomphe de la volonté la plus énergique mise au service de la plus gigantesque et de la plus glorieuse idée.

Les intérêts engagés dans sa réalisation sont immenses.

Paris transformé, en effet, ce n'est pas une vaine satisfaction donnée au sentiment de l'orgueil national ; — ce n'est pas seulement la capitale de la France élevée à la hauteur de son génie, de ses destinées, de son influence civilisatrice ; — ce n'est pas un monument sans rival de grandeur et de puissance offert a l'admiration de l'étranger ; — ce n'est pas un éclatant témoignage des vastes ressources financières d'une cité dont le budget est supérieur à celui de je ne sais combien d'États. Non, c'est, avant tout, une œuvre de haute utilité, de haute bienfaisance, de haute prévision politique.

Paris transformé, c'est l'air, la lumière, c'est-à-dire la santé, rendus aux 700,000 ouvriers d'une ville dont les produits ont fait, depuis longtemps, la conquête du monde entier. C'est un logement plus sain, plus confortable, mieux pourvu des aisances de la vie, plus capable de les moraliser, en les retenant à leur foyer, de ces ingénieux et infatigables pionniers de la plus française de nos industries.

Ce sont, dans les centres les plus populeux, ces verdoyantes oasis, où le vieillard et l'enfant, où l'ouvrier fatigué viennent chercher l'ombre, la fraîcheur, le parfum des fleurs ; — douces échappées de la campagne, si chères à ceux que la profession enchaîne à la grande ville !

C'est la suppression des logements insalubres.

Ce sont de vastes plantations sillonnant Paris en tout sens.

C'est l'eau, cette précieuse ressource de l'hygiène, distribuée plus abondamment aux habitants et permettant l'arrosage plus fréquent des rues, le lavage à fond des égouts.

C'est le blanchîment périodique des façades des maisons et leur mise en contact immédiat avec un vaste réseau de canalisation emportant au loin les déjections, les détritus, les immondices, les eaux pluviales et ménagères, naguère stagnantes dans les rues et infectant l'atmosphère.

Ce sont les maisons de plus en plus appropriées aux intérêts sanitaires de la population, surtout par une meilleure installation des fosses d'aisance qui, plus profondes, plus étanches, n'exhalent plus d'odeur fétide et ont cessé d'infecter le sol de leurs infiltrations et d'empoisonner l'eau de nos puits.

C'est le fleuve purifié, c'est-à-dire ne recevant plus l'eau infecte des égouts et des usines.

C'est la mise en communication rapide de toutes les parties de l'agglomération avec ces foyers, ces *laboratoires* d'air pur, véritables poumons de Paris, qui s'appellent les bois de Vincennes et de Boulogne, merveilleuses créations où l'art a fait des prodiges, où le ciel, les lacs, la verdure, les horizons lointains forment un paysage sans rival.

C'est l'élimination progressive des fabriques,

des manufactures insalubres ou seulement incommodes, allant s'établir hors de ses murs, au grand bien-être des ouvriers, appelés à les suivre dans leur émigration.

C'est l'assistance hospitalière et à domicile plus large, plus généreuse, plus soucieuse des besoins des malades; ce sont les asiles de convalescence, pieuse création du souverain, libéralement ouverts aux guéris dont les forces ne sont pas encore entièrement rétablies.

Ce sont des établissements d'utilité publique mis à la disposition des classes ouvrières aux prix les plus modiques (lavoirs, bains, etc., etc.).

Par suite de ces diverses améliorations hygiéniques, Paris transformé, c'est la mortalité réduite, la vie moyenne accrue; ce sont, pour la première fois depuis 1853, les naissances dépassant les décès et la population s'alimentant par elle-même sans le secours de l'immigration.

Paris transformé, c'est bien autre chose encore.

Ce sont les écoles multipliées et libéralement dotées, donnant gratuitement le bienfait de l'instruction primaire ou spéciale à un plus grand nombre d'enfants indigents. C'est la multiplication des crèches, des asiles, des ouvroirs. Ce sont les besoins religieux mieux satisfaits, le service du culte plus assuré, par la construction de nouvelles et splendides églises.

C'est l'ouverture d'un réseau de communications directes destinées à réduire les distances, à rapprocher ainsi tous les rayons de la ruche immense, à faciliter l'expansion du centre à la circonférence.

C'est l'ouverture de ces magnifiques halles centrales, si justement appelées le *Louvre du peuple*, recevant dans leurs caves gigantesques les produits les plus variés du sol, de la ferme, de la chasse, de la pêche maritime et fluviale, vaste approvisionnement que renouvellent chaque jour d'innombrables arrivages par la voie de terre, de fer et d'eau, et où la concurrence des marchands prévient la hausse exagérée des prix.

Ce sont ces larges et profonds boulevards, avec leur double rangée de platanes, où, la nuit, de riches candélabres de bronze projettent des gerbes de lumière qui feraient croire à une illumination permanente; — véritables voies appiennes, sur lesquelles se profilent, au lieu des sombres tombeaux du patriciat romain, de riches dépôts des produits du monde entier.

Paris transformé, c'est la Seine, vivifiante artère, approfondie, régularisée, améliorée, offrant à la navigation des facilités inconnues jusque-là, permettant même aux navires de mer de venir *accoster* jusque sous les murs, sous les fenêtres du palais du souverain, sorte de réalisation, modeste encore mais progressive, du beau rêve de Paris port de mer.

Ce sont les nouveaux et splendides édifices ouverts aux arts, aux sciences, aux musées.

C'est cette série de merveilleuses constructions particulières dans lesquelles les plus habiles architectes ont épuisé les ressources de leur art et dont les façades resplendissantes donnent une juste idée du luxe d'ornementation prodigué à l'intérieur, ainsi que des somptueux mobiliers, des objets d'art sans nombre, qui les décorent.

Ce sont, sur nos grandes avenues, aux jours de fête, quand les ardeurs du ciel n'ont pas encore peuplé les châteaux, les villes d'eau, les plages maritimes, de l'élite de la société parisienne, ces brillantes cavalcades, ces files incommensurables de fringants attelages emportant au bois les femmes les plus célèbres par leur beauté, leur rang, leurs titres, leur fortune, les grâces de leur esprit, les hommages dont elles sont entourées, ainsi que les hommes de la plus haute aristocratie, ou les notabilités politiques, diplomatiques, financières, littéraires; — spectacle unique au monde, parce que tous les pays, toutes les capitales ont envoyé leur contingent à cette réunion d'un éclat sans égal.

Paris transformé, c'est Paris devenu un centre d'attraction pour les privilégiés de la fortune du monde entier. De là un accroissement incessant de ce commerce, de ces consommations de luxe, dont Paris a presque le monopole et dont les bénéfices s'étendent à la France entière.

C'est Paris passé à l'état de musée, offrant partout aux regards charmés la plus haute expression du grand et du beau, véritable milieu inspirateur, où nos artistes, nos ouvriers d'art viennent puiser comme à une source vivifiante

Un dernier mot:

Paris transformé, c'est la suppression des ruelles immondes, repaires des plus viles prostituées, des bandits les plus dangereux.

C'est le transfèrement des abattoirs, et bientôt la grande mesure de la suppression des cimetières intérieurs.

C'est une police mieux organisée, plus en rapport avec les besoins d'une population toujours croissante; c'est une plus grande sécurité, une plus efficace protection pour les personnes et les propriétés.

C'est mieux encore: c'est l'isolement des édifices publics et du palais du souverain; c'est l'ouverture de larges avenues où la force publique peut se mouvoir librement; c'est la construction de casernes sur les points les plus stratégiques; c'est la suppression des plus fortes inégalités du sol; enfin c'est la destruction de ces sombres et étroits réduits, autrefois dernier et redoutable asile des insurrections vaincues, où elles soutenaient, contre nos soldats décimés, une lutte suprême et meurtrière.

Maintenant, si de pareils résultats, qui importaient à la sécurité, à la paix intérieure, à la prospérité du pays tout entier, et qui avaient, au plus haut degré, le caractère de l'urgence, n'ont pu se concilier avec l'observation rigoureuse des lois et règlements relatifs à la gestion des intérêts locaux; — si l'état du crédit public, si les besoins éventuels de l'État n'ont pas permis à l'énergique interprète de la pensée impériale de recourir à la voie d'un emprunt public, dont la Chambre lui aurait peut-être refusé l'autorisation, faut-il oublier la grandeur, les inappréciables bénéfices de l'œuvre accomplie ?

XI.

Au moment où nous écrivons ces dernières lignes, la discussion du budget de 1870 a commencé. M. Thiers a occupé longuement la tribune et réclamé, avec une violence de langage qu'on ne lui avait pas encore connue, le retour complet au régime parlementaire, avec la liberté absolue de la presse (l'auteur des lois de septembre !...). — M. Rouher a opposé, avec une rare énergie, qui prend probablement sa source dans l'irritation que provoquent, chez l'homme d'Etat même le plus aguerri, d'incessantes provocations, a opposé, dis-je, les calmes et prospères années que traverse la France depuis 1852, grâce à la Constitution impériale, au régime d'émeutes, couronnées par une honteuse révolution, qu'enfanta le gouvernement parlementaire sous la monarchie de Juillet.

Au surplus, l'émotion de M. Rouher se comprend. Dans le discours auquel il répondait, M. Thiers s'était montré aussi franchement révolutionnaire que dans sa célèbre harangue de 1847. Ce rapprochement lui plaira sans doute. car Février 1848 a suivi de près son ardent appel aux passions anarchiques de l'époque; —

et il lui serait doux peut-être de pouvoir inscrire, sur son blason de tribun, la mention d'un troisième gouvernement renversé par ses efforts, et d'un gouvernement napoléonien !..... Mais l'histoire ne se refait pas aussi fidèlement qu'il pourrait le désirer. Si le sombre fantôme de juillet 1830 ou de février 1848 reparaissait à l'horizon du pays, de deux choses l'une : ou Dieu aurait conservé l'Empereur à la France, et on peut être certain qu'il ne rendrait son épée à aucun des coryphées d'une opposition quelconque, dynastique ou non, et qu'il ne laisserait pas, inactive et insultée, l'armée qu'il aurait massée sous les fenêtres de son palais. — Ou bien un enfant aurait succédé à son auguste père et régnerait sous l'égide de la régence maternelle.

Dans ce cas, autour de l'Impératrice, depuis longtemps initiée, par une sage prévoyance du Chef de l'État, aux affaires du pays, et dont le courage, le sang-froid au milieu du danger, égalent la parfaite bonté, la piété profonde, viendraient se ranger, étroitement unis par un inaltérable dévouement, les derniers survivants de cette phalange de politiques éminents qui ont fondé le second Empire, les Persigny, les Baroche, les Rouher, les Magne, les De Forcade, prêts à le défendre, et au besoin dans la rue, contre les factions déchaînées par M. Thiers.

Strasbourg, impr. de Vᵉ Berger-Levrault

www.ingramcontent.com/pod-product-compliance
Lightning Source LLC
LaVergne TN
LVHW050638090426
835512LV00007B/914